AF397255

Amy Olsen ist das Alter Ego zweier befreundeter Autorinnen, die gewöhnlich allein und in anderen Genres unterwegs sind und hier gemeinsam ihre Liebe zu spritziger Contemporary Romance ausleben.

Amy konzentriert sich in ihren Geschichten bislang auf die Settings College, Coffeeshop und Footballfeld und damit auf die Welt von jungen Erwachsenen in den USA. Das heißt aber nicht, dass es sie nicht in Zukunft noch in andere Gegenden und an andere Schauplätze verschlägt.

Fair CATCH

Eine College Football Sports Romance

AMY OLSEN

Erstausgabe August 2024

Copyright © 2024 dp Verlag, ein Imprint der
dp DIGITAL PUBLISHERS GmbH
Made in Stuttgart with ♥
Alle Rechte vorbehalten

Fair Catch

ISBN 978-3-98998-502-5
E-Book-ISBN 978-3-98998-224-6

Covergestaltung: Jasmin Kreilmann
Umschlaggestaltung: ARTC.ore Design
Unter Verwendung von Abbildungen von
depositphotos.com: © efks © Gustavo_Andrade © believeinme
© 10comeback © Interpas
Shutterstock.com: © BaLL LunLa
Lektorat: dp DIGITAL PUBLISHERS GmbH
Satz: dp DIGITAL PUBLISHERS GmbH
Druck und Bindung: Books on Demand GmbH, Norderstedt

1

Abigail

»Willkommen im Coffee&Dreams«, höre ich Dominic sagen und werfe einen schnellen Blick über die Schulter. Der Laden brummt wie an jedem Nachmittag, wenn nicht gerade ein Spiel der Ravens stattfindet. Ich hantiere hektisch mit den Siebträgern. »Einen Caffé Latte«, ruft er mir zu und sucht meinen Blick. Ich nicke abgelenkt, denn das Zischen der Maschine macht mich gleichzeitig darauf aufmerksam, dass ich die Dampf-Lanze nicht tief genug in der Milch stecken habe. Ein dummer Fehler, der mir eigentlich nicht mehr unterläuft, der aber an Tagen wie diesem, wenn es hektisch ist, schon mal passieren kann.

Ich konzentriere mich hastig wieder auf die vollendete Zubereitung des Cappuccinos mit doppeltem Espresso und schäume die Milch so weit auf, dass sie als Topping den nötigen Halt hat, um mein eigentliches Steckenpferd tragen zu können: die Latte Art.

»Und einen Soja-Latte«, ruft Dominic. »Kommst du hinterher?«

»Eins nach dem anderen«, murmele ich, schließlich ist dies nur eine rhetorische Frage. Mein Chef verlässt sich darauf, dass ich meinen Job schnell und effizient erledige. Mit der Milch zufrieden hebe ich die Tasse an, um meinen Zauber zu versprühen. Das Klingeln meines Telefons reißt mich aus der Konzentration, und ich verschütte einige Tropfen der heißen Milch. Schnell stelle ich das Kännchen ab und ziehe mein Telefon aus der Hosentasche, um abzunehmen. »Ja?« Damit ich trotz meines Privatgesprächs weiterarbeiten kann, stecke ich mir das Handy zwischen Ohr und Schulter und greife wieder nach dem Kännchen.

Mich grüßt ein bellendes Husten. Abgelenkt gieße ich die Milch zu schnell in den Espresso.

»Abby?«, krächzt Claire.

»Wer sonst?« Ich verdrehe die Augen und konzentriere mich wieder auf das komplizierte Raben-Emblem, das wir vor jedem Spiel unserer Football-Mannschaft, der UCS Ravens, in unsere Schaumkronen zeichnen.

»Du musst mich retten«, haucht meine große Schwester ins Telefon. »Ich habe einen Auftrag, aber ...« Sie unterbricht sich mit einem schaurigen Hustenorkan.

»Das klingt nicht gut.« Und das ist eine Untertreibung. »Ich bin im Coffee&Dreams. Meine Schicht dauert noch mindestens drei Stunden, und wenn das hier so weitergeht, vermutlich länger. Ich kann dir also nicht helfen.« Das weckt zwar mein schlechtes Gewissen, schließlich unterstütze ich meine Schwester gern und arbeite auch für sie in ihrer Party-Agentur, aber ich sehe keinen Weg, wie ich nun beides unter einen Hut bekomme. Dominic zählt genauso auf mich wie Claire.

»Ich weiß«, sagt sie mit stark belegter Stimme. »Der Auftrag ist morgen.«

»Morgen?« Ich bin erleichtert. »Super, da habe ich frei.« Mein einziger freier Tag in dieser Woche, aber das stört mich nicht. Da ich das Stipendium der UCS, der University of California in Sacramento, nicht bekommen habe, brauche ich dringend Geld, damit ich zumindest bald mein Studium aufnehmen kann. Extraschichten kommen mir da gelegen, und Claire zahlt in der Regel gut. »Was brauchst du denn?« Ich hoffe auf ein möglichst ausgefallenes Kunstwerk, denn neben der Latte Art liebe ich jede Kunst, die mit Farbe und Gestaltung zu tun hat.

Ich stelle den Cappuccino auf den Tresen, wo die Kundschaft auf ihre kunstvoll verzierten Kaffeespezialitäten wartet. »Bitte schön.«

Ich drehe mich gleich wieder um, schließlich ist die Liste an Bestellungen heute endlos. Ich leere den Siebträger und lausche dabei, wie sich meine Schwester die Lunge aus dem Leib hustet. »Hey, soll ich später vorbeikommen? Du klingst wirklich furchtbar.«

»Danke, Abby, aber es ist besser, wenn du wegbleibst. Wenn du auch ausfällst, geht der Auftrag baden.« Sie räuspert sich und bricht gleich wieder in wildes Gebell aus. »Aber der ist wirklich wichtig.«

»Ich helfe dir«, verspreche ich und wechsle die Schulter, da das einseitige Hochziehen schmerzhaft wird. »Was brauchst du denn?«, frage ich erneut. »Und bis wann?« Ich sehe mich bereits die Nacht durcharbeiten, damit der Auftrag auch fristgerecht fertig wird. »Moment«, flüstere ich, da mir der Fehler auffällt. Claire ist künstlerisch nicht begabt, dafür beschäftigt sie schließlich mich. Meine Schwester kümmert sich um die Planung und Ausführung aller Tätigkeiten rund um ein

Event. Also um Dinge, die mir schwerfallen. Sie spricht mit Kunden, überbringt Grußbotschaften und singt auch schon mal vor großem Publikum. All das liegt mir so gar nicht, weshalb ich nun nervös werde. Was erwartet mich wohl?

»Äh«, brummt Claire und seufzt dann. »Du musst für mich ein Geburtstagsständchen überbringen.«

Ich verschütte die Milch und wische sie hastig weg. »Nein«, sage ich dabei mit bebender Stimme. »Du weißt doch, dass ich das nicht kann.« Schon der Gedanke bringt meine Hände dazu, unkontrolliert zu zittern. »Das schaffe ich nicht.«

Claire hustet und ich habe so die Ahnung, dass mir nichts anderes übrig bleiben wird, als über meinen Schatten zu springen. Der Hals zieht sich mir zu. Die Wasserdampfdüse zischt und schäumt die Milch auf. Ich drehe das Kännchen langsam und nutze die Zeit, um meine Gedanken zu sammeln. Ich kann einfach nicht vor Menschen sprechen. Singen scheidet da völlig aus. Das endet nur in einer Katastrophe, wenn ich es versuche.

»Es ist wirklich schrecklich wichtig.« Claire räuspert sich. Mit ihrer belegten Stimme klingt sie so gar nicht wie sie selbst. »Ich würde dich nicht bitten, wenn es nicht so wichtig wäre!«

»Claire, erinnerst du dich an die Aufführung, als ich fünf war?« Mein einziges bisheriges Bühnenerlebnis – ein durchaus denkwürdiges.

»Als du ohnmächtig wurdest, weil du *Piep* sagen solltest?«

»Ja.« Ich schnaube leise und dekoriere auch diese Schaumkrone mit dem Raben-Emblem.

»Zwei Latte mit Karamell und einen Espresso Grande«, ruft Dominic mir zu.

»Kommt!«

»Du wurdest ohnmächtig, hast dabei die Hauptdarstellerin umgerissen, ihr seid beide von der Bühne gefallen und habt euch die Köpfe angeschlagen.« Claire seufzt gedehnt. »Aber du bist keine fünf mehr, Abby, und irgendwann musst du deine Ängste überwinden. Es ist auch nur ein Geburtstagsgruß. Nichts Schwieriges. Das bekommst du hin. Du siehst einfach auf die Wand, singst und verschwindest wieder.«

Ich reinige schnell die Dampf-Lanze und fülle erneut Kaffee in die beiden Siebträger. »So einfach ist das nicht«, murre ich. Ich weiß, dass sich Ängste lindern lassen und dass man unangenehmen Situationen nicht aus dem Weg gehen kann, aber ich halte es auch für falsch, sich denen absichtlich auszusetzen. »Was ist gewonnen, wenn ich wieder ohnmächtig werde?« Auf die Erfahrung kann ich gut verzichten, da ich damals eine Gehirnerschütterung davongetragen hatte.

»Wirst du nicht«, verspricht Claire. »Cooper ist da und unterstützt dich.«

Ich verdrehe die Augen und widme mich wieder meinem Kunstwerk. So aufwendig es ist, einen Raben in den Schaum auf einem Caffè Latte zu malen und dabei lediglich das Kännchen als *Stift* zu verwenden, erscheint mir dies doch wesentlich einfacher, als vor Claires bestem Freund ein Geburtstagslied zu trällern.

»Du kannst ihn ansehen und so tun, als wärt ihr allein.«

Ich schnaube. »Ja, ich singe besonders gern, wenn Cooper da ist. Muss ich dich daran erinnern, dass er meine Kunst als albernen Kinderkram abtut?«

Claire seufzt. »Mit Latte Art kannst du ihn nicht beeindrucken«, gibt sie zu. »Aber er sagt, dass ihm deine Stimme eine Gänsehaut bereitet.«

Dies ist nicht als Kompliment zu verstehen, denn Cooper hat mir bereits ins Gesicht gesagt, dass er mich für eine Krähe hält, und jeder weiß doch, wie Krähen klingen. »Ja, das hilft.« Ich stelle die beiden Kaffeespezialitäten auf den Tresen.

»Du hast eine wundervolle Singstimme«, behauptet Claire.

»Spar dir deine Schmeicheleien«, murre ich. »Verdammt! Du weißt, dass ich das nicht kann.«

»Du kannst«, versichert Claire voller Inbrunst. »Du musst dich nur trauen. Ich weiß, dass ich auf dich zählen kann.« Sie hustet. »Es sind keine fünf Minuten. Du singst vor Coopers Freund ein sexy Geburtstagsständchen und bist raus.«

Ich stelle das Kännchen ab. »Vor Coopers *Freund?*« Ich betone das letzte Wort absichtlich. Cooper ist homosexuell, und bei der Formulierung nehme ich nun an, dass Claires bester Freund seit der Junior High endlich den Mann fürs Leben gefunden hat.

»Ja.« Sie zieht das A etwas.

Ich wische mir die feuchte Hand ab und nehme das Kännchen wieder auf, um frische Milch aufzuschäumen. Es ist sicher immer noch peinlich, vor Fremden zu singen – das mag ich nicht einmal vor Claire oder meinen Eltern –, aber vielleicht ist es etwas anderes vor Coopers Freund? Ich fühle mich gleich schuldig, weil ich ihn anders betrachte als andere Männer. Kann ich mich eher vor einer homosexuellen Person zum Narren machen als bei einer heterosexuellen? Ganz sicher nicht! Schließlich sollte es kein Unterschied sein, ob ich vor einem weiblichen, männlichen oder diversen Publikum stehe.

»Er ist ein ganz Lieber«, versichert Claire. »Cooper ist sich sicher, dass du seinen Freund nicht verschrecken kannst.« Sie kichert und bellt im Anschluss. »O Mann, glaub mir, Abby, ich würde dich nicht bitten, wenn es nicht wirklich wichtig wäre.«

»Okay«, murmele ich. Obwohl mein Herz flattert und mir bereits der Angstschweiß auf der Stirn steht, kann ich meine Schwester nicht im Stich lassen. Sie hört sich tatsächlich krank an und kennt mich gut genug, um sich denken zu können, welchen Dienst sie da erbittet. »Ich mache es, aber ich kann nicht versprechen, dass ich auch nur ein Wort hervorbekomme!«

Claire stößt den Atem aus. »Danke, du bist ein Schatz. Du musst morgen um halb vier am Stadion sein. Jermaine wird dich in Empfang nehmen und dich in die Torte stecken.«

»Bitte was?« Ich lasse beinahe das Kännchen fallen. »Du hast Singen gesagt.« Einen Auftritt, wie Claire ihn regelmäßig hinlegt, habe ich noch nie absolviert, und ich bin mir auch ziemlich sicher, dass mich das völlig überfordert.

»Keine Sorge«, säuselt meine Schwester. »Das ist viel nervenschonender, als auf eine Bühne treten zu müssen, wo bereits alle Augen von Beginn an auf dich gerichtet sind. Du springst raus, singst, und Jermaine holt dich im Anschluss direkt wieder ab.«

Das klingt vielleicht einfach, aber ich glaube nicht eine Sekunde lang, dass es wirklich einfach ist!

»Du bist die Beste.« Claire keucht mitleiderregend. »Wenn du noch Fragen hast, wende dich einfach an Jermaine. Ich gehe ins Bett und stehe erst wieder auf, wenn ich gesund bin.« Sie kichert und beginnt erneut zu husten.

»Gute Besserung«, sage ich tonlos. Ich weiß genau, was ich mir da aufbürde, und fürchte mich vor meiner eigenen Courage.

»Abs!«, sagt Dominic und tippt mich an. »Du kommst ja gar nicht nach.«

»Entschuldige«, murmele ich und zwinge ein Grinsen auf meine Lippen. »Eine Hiobsbotschaft von meiner Schwester. Mein freier Tag morgen ist gestrichen und ...« Ich breche ab, schließlich schnürt sich mir bei dem Gedanken an die Tortur, die mir bevorsteht, der Hals zu.

»Okay.« Er tätschelt meine Schulter. »Mach eine Pause, ich übernehme hier.«

Ich schüttele den Kopf und schiebe mir mein Telefon in die Hosentasche. »Nein, besser ich denke gar nicht weiter darüber nach, sondern stürze mich in die Arbeit. Wenn du mir hier kurz hilfst, muss niemand lange auf seinen Kaffee warten.«

»Mach ich.« Dominic greift nach dem Siebträger und leert ihn mit geübten Handgriffen. »Wie schlimm ist es?«

»Ich muss ins Stadion.« Ich verdrehe über meine Befürchtungen belustigt die Augen und spüre seinen Blick auf mir.

»Lass uns tauschen«, schlägt er vor. »Ich habe nichts dagegen, ins Stadion zu fahren.«

»Und ein Geburtstagsständchen zu trällern, nachdem du peinlicherweise aus einer Papptorte gesprungen bist?«

Sein Blick ist unbezahlbar. »Du hast recht«, brummt er. »Das hat Fremdschampotenzial.«

»Hey!« Ich schlage sanft nach seinem Arm. »Mach es mir nicht noch schwerer!«

»Wird das heute noch was mit meinem Latte?«, fragt eine honigsüße Stimme in meinem Rücken, die mir gleich einen Schauer über den Körper rollen lässt. Ich drehe mich halb zu der Frau um, der sie gehört. Lindsey Severin lehnt am Tresen und mustert mich aus ihren stechenden blauen Augen. Meine Nemesis ist Stammgast im Coffee&Dreams und nie zufrieden. Ich arbeite ihr stets zu langsam – der Hinweis heute fällt vergleichsweise nett aus.

»Dein Latte ist bereits unterwegs«, erwidere ich betont freundlich, auch wenn mich ihre Spitzen verletzen. Mit bebenden Fingern kreiere ich das Raben-Emblem und stelle das Glas vor ihr ab. »Bitte schön.«

Lindseys Blick wandert belustigt an mir hinab. »Du siehst schlimm aus. Arbeiten muss anstrengend sein.« Sie feixt. »Zum Glück kann ich mir das sparen und mich völlig auf mein Studium konzentrieren.«

Ich atme tief ein. »Genieß deinen Latte, Lindsey.«

2

Ethan

»Alter, was stimmt denn nicht mit dir? Wer so was isst, der frisst auch kleine Kinder!« Cooper schlägt mir so hart auf den Rücken, dass sich ein Schwall Essig über meine Fritten ergießt.

Die anderen Jungs lachen schallend, ich stelle die Plastikflasche ab und sehe unseren Quarterback mit hochgezogener Augenbraue an.

»Oh. Sorry, Mann.« Cooper sieht zerknirscht aus. »Ich wollte dein ... Essen nicht ruinieren.«

»Das schafft er schon allein«, ruft Will und lacht noch lauter. »Essig, pfui Teufel!«

Ich bleibe noch eine halbe Sekunde ernst, dann grinse ich Cooper an. »Kein Problem. Je mehr, desto besser.« Ich schiebe mir zwei der dicken, essigtriefenden Fritten in den Mund und kaue genüsslich. Ah, fast wie zu Hause.

Ein kurzer, scharfer Stich des Heimwehs fährt mir in die Brust, und ich verdränge schnell das Gefühl.

Angeekelte Laute erklingen rund um den großen Tisch im Hinterzimmer des Burger Haven, des Stamm-Restaurants der Ravens. Hier essen wir immer vor

Spieltagen, um uns einzustimmen und letzte taktische Details zu besprechen.

»Ihr wisst ja nicht, was gut ist«, sage ich und zwinge mich, nicht an früher zu denken. An die feuchtfröhlichen Abende mit meiner Rugbymannschaft. Meine Kehle wird eng, und das altbekannte Schuldgefühl erfasst mich.

»Wer kennt sie nicht, die hohe Qualität der britischen Küche?« Petes Stimme klingt eine Spur zu höhnisch, um als neckend durchzugehen. Er ist keiner meiner Lieblingskollegen. Na ja, man kann nicht alle mögen, immerhin bestehen die Ravens aus mehr als fünfzig Spielern. Cooper allerdings kriegt Herzchenaugen, wenn er Pete ansieht. Es ist beinahe süß.

»Warst du je in England?«, frage ich Pete herausfordernd. »Oder woher kennst du unser Essen so genau?«

Pete grunzt und fährt sich durch den blonden Schopf.

»Außerdem ist deine geliebte Mac-and-Cheese-Pizza auch kein kulinarisches Highlight«, setze ich hinzu. »Ein gut gemachter Cottage Pie dagegen ...«

»Wenn du so gern in England wärst, warum bist du dann überhaupt hier?«, fragt Cooper. In seiner Stimme schwingt keine Bosheit mit, nur ehrliches Interesse. Verdammt. Darauf kann ich nicht mit einer scharfen Retourkutsche antworten.

Ehrlich kann ich aber auch nicht sein.

»Weißt du doch«, entgegne ich lahm. »Ich sehe mich nicht mehr im Rugby. American Football liegt mir mehr.«

»*American* Football«, höhnt Pete. »Im Unterschied zu was? Eurem Soccer? Es genügt, wenn du *Football* sagst.

Als ob es irgendeinen anderen Fußball gäbe, der von Bedeutung wäre.«

Ich beiße mir auf die Zunge, um nicht die *Three Lions* und meine Lieblingsfußballmannschaft, Manchester United, glühend zu verteidigen. Auch so eine Sache, die ich nie verstehen werde – warum man in diesem Teil der Welt so wenig Interesse an Fußball hat. Aber ich habe mir nun mal ausgesucht, hier zu leben. Und es ist toll! Hier an der Westküste der USA, in Kalifornien, dem Sonnenstaat. Die Leute entspannt, das Wetter herrlich, selbst jetzt im Herbst noch. Wann habe ich zu Hause zuletzt so viele sonnige Tage am Stück erlebt? Vermutlich nie. Seit ich vor drei Monaten hier angekommen bin, fällt es mir leichter, zu atmen. Das hier ist meine Gegenwart und meine Zukunft. Alles andere ist nicht mehr von Bedeutung.

»Na, Jungs, nun lasst den Mann mal in Frieden«, brummt Headcoach Gerber. »Wir können froh sein, dass er sich für das Studium an der UCS entschieden hat. Ein erstklassiger Rugbyspieler ist ein Gewinn für jede Mannschaft.« Er tippt auf den dicken Ordner vor sich, sein Playbook, in dem alle Taktiken, die er spielen lässt, verzeichnet und skizziert sind. »Er ist auf so gut wie jeder Position einzusetzen. Was nicht heißt, dass ich nicht jeden Einzelnen von euch schätze.« Er schaut lächelnd in die Runde. »Wir sind ein Team. Und was werden wir morgen?«

»Ein Jahr älter!«, ruft Cooper, bevor irgendwer anders reagieren kann, und deutet lachend auf Pete, der unwillig das Gesicht verzieht.

»Das meinte ich zwar nicht«, sagt Headcoach Gerber, »aber gut, dann stelle ich meine Frage anders: Was werden wir morgen tun, um unserem Tailback einen würdigen Geburtstag zu bereiten?«

»Gewinnen!«, rufen einige meiner Kameraden im Chor.

»Was werden wir?«, fragt Offense-Coach Simmons, der neben Gerber sitzt, lauter und breitet die Arme aus.

»Gewinnen!«, erklingt es ebenfalls kräftiger.

Beim dritten Mal stimme ich ein, dann essen wir auf, und danach erklärt der Headcoach noch einige Details über unsere Gegner von der UCLA. Morgen ist Heimspiel-Tag und mein erster Einsatz in dieser Saison. Aufregung und Vorfreude erfassen mich. Ich bin wieder Teil eines Teams. Im Training schon ein paar Wochen, doch nun darf ich endlich auch auf den Platz!

»Aber mal ehrlich«, sagt Will später zu mir, als wir das Restaurant verlassen und zusammen die Straße runter zum Wohnheim gehen. »Warum bist du hierhergekommen? Vermisst du deine Familie nicht? Ich kann mir nicht vorstellen, so weit von meinen Eltern entfernt zu leben.«

Ich sehe die enttäuschten Gesichter meiner Eltern und Joeys traurige Miene vor mir. Mein kleiner Bruder, der immer zu mir aufgeblickt hat, konnte mir nicht einmal mehr in die Augen sehen, nachdem alles herausgekommen war. »Klar vermisse ich sie«, presse ich heraus. Ich bekomme die Worte kaum über die Lippen.

»Warum bist du dann gegangen?«, fragt Emilio.

»Und du?«, gebe ich zurück, denn der Mannschaftskamerad ist ebenfalls nicht in den USA geboren.

»Weil ich hier bessere Chancen habe.« Emilio hebt die Schultern.

»So geht es mir auch«, behaupte ich und verschweige, dass meine Chancen nicht nur besser sind, sondern dass diese Stadt, dieses Team meine einzige Chance ist, doch noch im Profisport Fuß zu fassen. Weil hier niemand weiß, was ich getan habe.

Und es darf auch nie jemand erfahren. Ich muss aufhören zurückzuschauen und mir bessere Antworten überlegen, wenn ich gefragt werde, warum ich England verlassen habe.

Schweigend gehen wir weiter. Die Sonne steht schon tief und taucht den Himmel in ein zartrosa Licht. Der Sacramento River liegt ruhig da, und ich atme tief die noch warme Abendluft ein. Mir wird ein wenig leichter zumute. Schön ist es hier. Ich mag das milde Wetter und habe über den Sommer sogar schon etwas Farbe bekommen, sehe jetzt beinahe wie ein kalifornischer Junge aus. Ich mag diese unaufgeregte kleine Großstadt und den übersichtlichen Campus der UCS, mein winziges Einzelzimmer im Wohnheim, unseren Aufenthaltsraum und die Gemeinschaftsküche, die ich fast immer für mich habe. Es gibt zwar einen Speisesaal, in dem wir verköstigt werden, aber ich finde es schön, auch mal außerhalb des festgelegten Essensplans etwas zubereiten zu können.

»Pete ist ganz schön sauer, dass Headcoach Gerber dich auch als Quarterback trainieren lässt«, reißt mich Leroy aus den Gedanken. Er bemüht sich nicht einmal, leise zu sprechen. Pete ist nicht bei uns, er wohnt nicht auf dem Campus, ebenso wie Cooper und drei oder vier andere von den Jungs.

Die anderen brummeln zustimmend, aber ich hebe abwehrend die Hände. »Ach was. Dazu hat er keinen Grund. Sicher will der Coach mich nur alle Positionen einmal ausprobieren lassen, um zu entscheiden, wo er mich am besten gebrauchen kann.«

In meinem alten Team war ich Fullback, der Schlussmann, die letzte Verteidigung bei gegnerischen Angriffen und derjenige, der den Gegenangriff einleiten kann. Auch im Football gibt es Fullbacks, aber deren Aufgaben sind nicht dieselben. Im Rugby ist es eine vielseitige Position, vielleicht die vielseitigste im ganzen Team, die gute Schussqualitäten ebenso erfordert wie den Mut, sich dem angreifenden Gegner in den Weg zu stellen.

Ich klinge wie ein Rugby-Lehrbuch. Aber ich habe den Sport geliebt und gelebt. Ich liebe ihn noch immer. Nur leben kann ich ihn nicht mehr. Mein Leben ist jetzt der American Football. Nein, der Football. Schlicht und einfach. Kein Blick zurück.

Wir erreichen das Wohnheim, und ich bleibe vor der Tür stehen und richte den Blick noch einmal in den Himmel. Ich mag nicht hineingehen. Wenn ich allein bin, kommen zu viele Gefühle hoch, die ich in Gesellschaft besser beiseiteschieben kann.

Leroy bemerkt mein Zögern. »Na, noch nicht müde?« Er deutet auf den Basketball-Korb. »Werfen wir noch ein paar Bälle?«

Ich lache auf. »Damit du mich wieder abziehen kannst? Lass uns lieber ein bisschen kicken. Ich hol meinen Fußball.«

»Da bin ich dabei.« Emilio fängt an, auf der Stelle zu laufen, wie um sich aufzuwärmen.

»Dann los.« Leroy scheucht mich mit einer Handbewegung ins Haus, und ich renne die drei Treppen hinauf in mein Zimmer.

Ich hole den schwarz-weißen Ball aus der Rollbox unter meinem Bett. Es hängen so viele Erinnerungen daran. Er ist alt, abgenutzt. Wie oft ist er zu den Smiths oder den Carters hinübergeflogen, je nachdem, ob wir in Brandons oder in meinem Garten gespielt haben ... Damals, bevor wir beide ins Rugby-Team aufgenommen wurden. Danach habe ich hauptsächlich mit meinem kleinen Bruder gekickt. Ihm wollte ich den Fußball am Tag meiner Abreise schenken, aber Joey hat nur den Kopf geschüttelt. Warum ich den Ball dann mitgenommen habe, weiß ich selbst nicht.

Ich reiße mich aus meiner Starre, jogge die Treppe wieder hinunter und gehe raus zu den fünf Jungs, die mit mir kicken wollen. Dieses Spiel ist Spaß, morgen wird es ernst. Meine erste echte Bewährungsprobe an dieser Uni, in dieser Mannschaft, in dieser Sportart. Werde ich mich beweisen können?

Und wird es mir helfen, endlich ganz in den USA anzukommen?

3

Abigail

Mein Magen fährt Achterbahn. Jermaine bleibt vor mir stehen und mustert mich irritiert. »Gut, dass ich ein Kostüm dabeihabe. Du siehst aus wie eine Bibliothekarin.« Er schnalzt mit der Zunge und deutet auf den Hintereingang zum Stadion. »Und du bist auch noch spät dran.«

Ich stolpere los. »Nein«, wispere ich. »Ich bin pünktlich!«

Jermaine schnaubt. »Ja, für den Auftritt, aber du musst aufgehübscht werden, sonst kann ich den Geburtstagsgruß auch selbst singen!« Er verdreht die Augen, und ich hoffe, dass es nicht ganz so schlimm um mein Erscheinungsbild bestellt ist, wie er es andeutet. Schön, mein Kleid ist nicht sexy, aber ich fühle mich wohl darin. Ich bin mir ziemlich sicher, dass Jermaines Kostüm zwar sexy sein wird, aber dadurch eben auch unangenehm zu tragen.

Ich fühle mich gleich wieder wie eine graue Maus, aber all die Jahre des scheuen Versteckens haben mich zumindest gelehrt, dass man seinen Blick auf einen

Punkt oder ein Ziel gerichtet haben muss, um jede unangenehme Situation durchstehen zu können.

»So, dann setz dich mal«, sagt Jermaine und zieht mir
einen Hocker heran. »Ich habe eine Perücke dabei und
genug Farbe, um aus dir ein Kunstwerk zu machen.« Er
feixt zufrieden und platziert mich auf dem Hocker.

»Ja, die Aufmunterung brauche ich jetzt«, murmele
ich dabei, bin aber folgsam und schließe die Augen, damit er mich schminken kann.

»So«, sagt er nach wenigen Augenblicken. Ich blinzele. Er mustert mich kritisch. »Jetzt noch die Perücke
und das Kleid, und wir können loslegen.«

Ich lasse mir das falsche Haar überstülpen und
nehme das weiße Kleid entgegen. »O nein«, brumme
ich, da ich den Schnitt erkenne. »Marilyn Monroe?«

»Keine haucht erotischer.« Jermaine zwinkert und
deutet zur Tür. »Zwei Minuten.«

Mit zittrigen Knien steige ich in das Kleid und rücke
den Ausschnitt zurecht.

Jermaine klopft. »Fertig?«

»Ja«, antworte ich bebend und wende mich der überdimensionalen Torte zu. »Oh, das ist so erniedrigend«,
wispere ich und fühle, wie mir Tränen in die Augen
steigen.

»Hopp«, fordert Jermaine und klappt das Pappgebilde
auf, damit ich mich auf das fahrbare Untergestell hocken kann. »*Happy birthday*, aber sexy«, erinnert er
mich und sieht mich bedeutsam an. »Das Geburtstagskind ist Pete, der blonde Tailback. Cooper wird sich neben ihm halten. Claire rät, du solltest dich ganz auf
Cooper konzentrieren.«

Ich verdrehe die Augen und atme tief durch. Jermaine schließt die Tür und linst noch einmal durch die Klappe, durch die ich gleich springen soll. »Fünf Minuten, dann bist du wieder raus. Kein Grund umzukippen, sich zu übergeben oder schreiend davonzulaufen. Du schaffst das.« Er schlägt die Klappe zu, und im nächsten Moment setzt sich die Torte in Bewegung. Mein Herz schlägt mir bis zum Hals. Jermaines aufmunternde Worte helfen nicht, aber er hat sich auch nicht gerade Mühe gegeben, meine Nervosität zu lindern. Ich lausche angestrengt. Neben meinem pochenden Puls höre ich das Quietschen der Räder, dann den Jubel der Menge. Eine Durchsage ertönt, dass das Spiel zu Ende ist und die Gastgeber – die Ravens – gewonnen haben. Schritte, Grölen.

Moment!

Hat Claire erwähnt, wie genau dieses Ständchen stattfinden wird? Doch wohl vor dem Geburtstagskind und Cooper allein. Das war doch die Absprache, oder? Claire bringt mich doch nicht etwa in eine absolut unhaltbare Situation?

»Du bist eine Rampensau«, ruft jemand.

»Und du eine Dampfwalze.«

Oh, verflucht, ich kann das nicht!

Nur wie soll ich aus dieser Situation herauskommen, ohne ...

»Ah!«, ruft Cooper. Seine Stimme erkenne ich. »Was haben wir denn hier?«

Das Gegröle wird lauter und im nächsten Moment von Musik übertönt.

O nein!

Es klopft gegen die Seitenwand. »Oh, wie dumm, sie hat den Einsatz verpasst«, sagt Jermaine. »Moment.« Die Musik beginnt von vorn.

Ich presse die Lider aufeinander. Wenn ich tote Maus spiele, dann platzt der Auftrag, und ich habe versprochen, dass ich für Claire einspringe.

Mach jetzt!

Ich springe auf, durchbreche den Tortendeckel und strecke die Arme aus. »*Happy birthday to you …*« Ich bewege mich sinnlich – hoffe ich zumindest – und richte meinen lasziven Blick auf einen blonden Hünen, der genau wie der Rest des Raumes vor meinen Augen verschwimmt. Cooper hat den Arm um dessen Schultern geschlungen und sieht ihn aufmerksam an. Der Tailback grinst breit. Ich kenne ihn, kann ihn aber nicht einordnen. Sein Blick gleitet über mich, und mein Magen dreht sich. Ich bin mir meines tiefen Ausschnittes unangenehm bewusst. Meine Knie sind weich, es sirrt in meinen Ohren.

Ich bekomme den Namen nicht über die Lippen und schwanke. Ich fasse nach der Umrahmung der Torte, weil mir schwummrig ist, und breche durch. Mit einem Aufschrei lande ich ausgerechnet in den Armen des Geburtstagskindes, das mich direkt fest an sich zieht und seinen Mund auf meinen presst.

Ich bin davon so überrascht, dass ich nicht reagiere. Zumindest nicht gleich. Ich erstarre, reiße die Augen auf und bezwinge den Brechreiz. Er hätte eine Faust im Magen verdient, aber ich bin wie gelähmt vor Schreck.

»Langsam!« Cooper klingt angestrengt. »*Happy birthday*, Pete!«

Warum hilft er mir denn nicht? Und sollte der Typ nicht Coopers fester Freund sein?

Ich hebe die Hände, um sie zwischen Pete und mich zu schieben und ihn von mir fortzudrücken. Er umschlingt mich sogleich fester und zieht mich wieder eng an seinen Körper. Ich schaffe es, den Kopf zu drehen. »Hör auf!«, schnaufe ich und bekomme endlich Unterstützung, aber nicht von Cooper.

»Hey, ich glaube, sie will, dass du sie loslässt.«

»Unsinn, Mann«, nuschelt Pete an meinem Hals und saugt im Anschluss daran. »Die Kleine gehört mir.«

»Nein«, piepse ich und balle die Fäuste an seiner Brust. »Lass mich los!«

»Pete!«, übertönt mich der andere Mann. Dann bin ich frei, und breite Schultern blockieren meinen Blick auf den Tailback. »Mann, Nein heißt Nein«, knirscht er und hebt die Hände.

Ich lege die Arme um mich und fange Coopers Blick auf. Er verdreht die Augen. »Es gibt Menschen, die würden sich über einen Kuss von Pete freuen.«

Ich blinzele heftig. Anstatt sich für mich zu verwenden, steht Cooper auf der Seite des übergriffigen Tailbacks? Was stimmt nicht mit ihm?

»Offenbar gehört ...« Mein Retter dreht sich zu mir um, und mir fallen die sanften braunen Augen auf, die von beneidenswert dicken Wimpern umkränzt werden. Mein Kopf schwirrt, und ich starre ihn an. Er spricht. Seine Lippen bewegen sich, und seine Brauen ziehen sich dabei über seiner Nasenwurzel zusammen.

»Abby.« Cooper stößt mich an. »Das ist Abby.«

»Geht es dir gut?«, fragt mein Gegenüber und mustert mich. Er hat braunes Haar, das ihm am Schädel klebt.

Er ist groß, zumindest größer als ich, seine breiten Schultern wirken imposant, und die muskulösen Schenkel stecken zum Glück noch in der engen Hose.

»Wow«, höre ich Jermaine sagen. »Was ist hier passiert?«

Pete schiebt sich an meinem Retter vorbei und greift nach mir. Sein Blick ist immer noch auf mein Dekolleté gerichtet. »Abby, was für ein schöner Name. Heute ist mein Geburtstag …«

Ich schüttele seine Hand ab und mache einen Schritt rückwärts. Ich stoße gegen die Torte und komme damit nicht aus seiner Reichweite.

»Pete!«, blafft mein Retter und legt ihm die Hand auf die Brust. Er schiebt ihn weg von mir.

Jermaine verstellt mir die Sicht. »Was hast du angestellt?«

»Ich?«, krächze ich und versuche angestrengt, mich zusammenzunehmen. Ich zittere und bin verwirrt.

»Ja, du!« Jermaine deutet auf die kaputte Torte. »Bist du umgekippt?«

Ich spüre, wie mir das Blut in die Wangen schießt. »Ich habe vorher gesagt, dass ich das nicht kann!«

Jermaine verdreht die Augen und bückt sich nach dem Deckel der Torte. »Die Reparatur wird kein Spaß, Abby.«

Ich beiße die Zähne aufeinander und senke den Blick. Meine Augen brennen und ich zittere immer noch. Ich unterdrücke ein Schniefen und spüre die Blicke der Männer auf mir. Da waren deutlich mehr als nur Pete und Cooper. Ich schaue mich hastig um und keuche erschrocken, da mir bewusst wird, dass ich in einer Umkleidekabine stehe und die gesamte Mannschaft der

Ravens meinen peinlichen Auftritt inklusive Beinahe-Ohnmacht und unerwünschtem Abknutschen verfolgt hat. Ach ja, und offenbar stört es die meisten nicht, dass sich eine Frau in der Kabine befindet, denn der größte Teil ist dabei, sich umzuziehen, und beachtet mich nicht.

»Geh mir aus dem Weg, Ethan!«, knirscht Pete. »Sie ist mein Geschenk!«

»Sie ist kein Geschenk, sondern ein Mensch«, widerspricht mein Retter. »Sie ist völlig durch den Wind.« Er sieht zu mir herüber und lächelt mir aufmunternd zu. »Such dir lieber jemanden, der dich küssen will.«

»Mann«, murrt Jermaine neben mir. »Wir brauchen die Torte übermorgen wieder.«

»Auf keinen Fall!«, fiepe ich und hebe abwehrend die Hände. »Das mache ich nicht noch mal!«

»Ach, komm schon.« Cooper schlägt mir auf die Schulter, und ich verliere das Gleichgewicht. »So schlimm warst du nicht.« Ich stolpere vorwärts und fange mich gerade noch. Meine Wangen und mein Magen brennen. Ich bekomme die Worte nicht hervor. Ärger und Scham schnüren mir den Hals zu.

»Hey«, raunt Ethan und berührt meinen Oberarm. »Alles in Ordnung?«

Ich schaue auf und fasse nach meiner Schulter. Cooper hat mir sicher den Rücken gebrochen. »Ja«, krächze ich. »Au.« Ich versuche zu lächeln. »Danke.«

»Bist du dir sicher?« Er lächelt schief. »Du bist ziemlich blass.«

»Ich muss nur nach Hause.« Eigentlich brauche ich Kaffee. Oder Schokolade. Irgendetwas, das das Sirren aus meinem Kopf vertreibt. »I-ich sollte los.« Ich wende mich ab und erinnere mich daran, dass ich eigentlich mit Jermaine zurückfahren soll.

»Ich kann dich nicht mitnehmen.« Er deutet auf das Pappgebilde. »Ich muss zusehen, dass ich das hier repariert bekomme!«

»Ich kann dich fahren«, bietet Ethan an und reibt die Hände aneinander, als sei er nervös. »Gib mir fünf Minuten, um mich umzuziehen.«

Cooper hängt sich an seinen Hals und klopft ihm auf die Brust. »Was ist mit unserer Siegesfeier?«, fragt er und zwinkert mir zu. »Abby kann warten.«

»Sie kommt mit«, behauptet Pete und schlängelt sich an Cooper und Ethan vorbei.

»Nein«, murmele ich und mache einen hastigen Schritt zur Seite. »Ich ...« Ich suche Ethans Blick. Da ich mit dem Bus gekommen bin, brauche ich entweder eine Mitfahrgelegenheit oder muss auch wieder mit dem Bus zurück in die Stadt. Am liebsten sofort.

»Ich muss mich nur schnell umziehen.« Ethan zeigt auf seine nackte Brust und grinst schief. »Dann bringe ich dich, wohin du möchtest.«

Jermaine reicht mir meine Kleidung. »Du kommst klar?«, fragt er brummig. »Du hast dich nicht verletzt, als du aus der Torte gefallen bist, oder?« Er mustert mich. »Du brauchst ... keine Ahnung ... keinen Arzt oder so?«

»Nein.« Ich drücke meine Sachen an meine Brust. »Ich ... Mir ist schwindlig geworden. Es tut mir leid, dass ich die Torte beschädigt habe. Wenn du willst, helfe ich bei der Reparatur.« Das ist vernünftiger, als mit dem

Footballspieler mitzufahren. Einem Typen, den ich nicht mal kenne.

Jermaine schnaubt. »Nope, lass mal. Mir wäre es lieber, wenn Cooper dich fahren würde.«

Ich verdrehe die Augen. »Das hat er offenbar nicht vor!« Er hätte es zumindest anbieten können, aber der Quarterback hat sich nur für seine blöde Siegesfeier interessiert. »Und ich kann darauf auch verzichten!« Ich hebe den Blick und sehe Jermaine direkt in die Augen. »Hast du gewusst, dass die gesamte Mannschaft dabei sein würde?«

Er zuckt die Achseln. »Ja, natürlich.«

Ich reiße vor Überraschung die Augen auf. »Das war genau so geplant?« Ein Auftritt vor versammelter Mannschaft? Claire weiß genau, wie schwer mir dergleichen fällt. Sie hat mich beschwindelt, weil ich niemals zugestimmt hätte, vor so großem Publikum zu singen. Sie hat mich ausgetrickst, mich rundheraus angelogen, obwohl Claire genau weiß, wie sehr ich Lügen hasse. Und Lügner.

»Soweit ich weiß. Warum?«

Ich kann nur den Kopf schütteln, da ich einfach erschüttert bin. Sprachlos, dass meine eigene Schwester mich hintergeht und ihr meine Gefühle dabei völlig gleichgültig sind.

Jermaine runzelt die Stirn. »Abby? Du bist merkwürdig.« Er zeigt auf mich. »Ich brauche das Kostüm.«

Ich ziehe mir die Perücke vom Kopf und reiche sie ihm.

»Hey.«

Ich drehe mich zur Tür um. Ethan schiebt die Hände in die Jeanstaschen und hebt die Schultern.

»Ich habe mich beeilt.« Er grinst verlegen. Sein Haar ist nass, und ein Handtuch liegt um seinen Hals geschlungen. Sein Hemd steht offen, und die Ärmel sind bis zu den Ellenbogen aufgerollt. »Wir können los.«

Ich starre ihn an. Mir ist irgendwo bewusst, dass ich dringend etwas sagen muss, damit dies hier nicht noch peinlicher wird. Etwas Sinnvolles. Also nichts über seine hübschen Augen oder darüber, dass seine Schultern auch ohne Schutzausrüstung breit sind.

»Abby.« Jermaine stößt mich an. »Das Kleid.«

»Ja«, murmele ich und lege mein eigenes Kleid auf dem Hocker ab. Ich friemele an dem Reißverschluss in meinem Rücken.

»Ich mache dann hier mal die Tür zu«, meint Ethan und greift nach der Klinke.

»Moment, ich komme mit!« Jermaine wirft mir noch einen fragenden Blick zu. »Sicher, dass du klarkommst?«

»Ja«, krächze ich und öffne den Verschluss. Kaum ist die Tür geschlossen, setze ich mich auf den Hocker und beuge mich vor. Ich atme tief durch und schließe die Augen. Mir ist immer noch schwummrig. Ich bin immer noch verwirrt. Und verärgert. Aber letztlich möchte ich nach Hause und mich in meinem Bett verkriechen. Dort lässt es sich auch viel besser grübeln als in diesem Raum, in dem die Hausmeister ihre Utensilien lagern. Es ist sicher nur eine Frage der Zeit, bis die hier auftauchen, und die sollen mich nicht in Unterwäsche erwischen. Also streife ich das weiße Kleid ab, das ich auf die Torte werfe, wo sich bereits die Perücke befindet, und schlüpfe in mein eigenes Kleid.

Ethan lehnt an der Wand gegenüber, als ich aus dem Raum trete. Er schaut auf und sein Mundwinkel zuckt.

»Na endlich«, murrt Jermaine und rauscht an mir vorbei. Neben mir bleibt er stehen. »Hey«, spricht er Ethan an. »Mach keinen Unsinn, verstanden?«

Ethan blinzelt verblüfft. »Okay«, erwidert er hörbar irritiert. »Mach ich nicht.«

»Ihre Schwester ist Coopers BFF.«

Hitze schießt mir in die Wangen. Jermaine meint es sicher gut, aber Ethan hat bereits mit eigenen Augen verfolgt, wie unwichtig Cooper meine Sicherheit ist. Ich haste vor und deute zum Ausgang. »Wir sollten uns beeilen. Wenn alle losfahren wollen, stehen wir sonst stundenlang in der Schlange.«

»Okay.« Ethan folgt mir. Nach wenigen Schritten dreht er sich um. »Ich bringe sie unbehelligt nach Hause. Keine Sorge.«

Ich stapfe weiter. Als wäre es nicht schlimm genug, dass ich peinlicherweise aus einer Torte gesprungen bin, meinen Einsatz versemmelt habe und dem Geburtstagskind in die Arme gefallen bin – Jermaine macht mich mit seinen Aussagen nun völlig unmöglich. »Ich bin zwanzig«, flüstere ich. »Nicht zwölf!«

»Was hast du gesagt?« Ethan holt zu mir auf und fasst nach der Türklinke, nach der ich ebenfalls die Hand ausstrecke. Meine Fingerspitzen berühren seine warme Haut, und ich zucke zurück, da ein kleiner Schlag durch mich hindurchfährt. Ups. Er schiebt die Tür auf und sieht mich an. »Du bist zwölf? Lässt man hier wirklich Zwölfjährige aus Torten hüpfen?«

Mir fällt auf, dass er ungewöhnlich spricht. Er stammt definitiv nicht aus der Gegend. Und noch etwas bemerke ich nun, da er ins Sonnenlicht tritt: Seine Augen sind gar nicht braun, sondern eine Mischung aus Braun und Grün.

»Ja … Nein … Was?« Ich bleibe stehen und hebe die Hände. »Moment.« Worüber sprechen wir eigentlich?

»Du bist zwölf?«, fragt er und grinst schief. »Und eigentlich darfst du nicht aus Torten hüpfen?«

»Nein!« Ich hebe die Hände noch etwas höher. »Ich bin nicht … Ich bin zwanzig und wusste, dass die Sache im Desaster endet.«

Sein Grinsen wird strahlender. »Nun, so schlimm war es nicht.«

»Na, für mich war es schlimm!« Ich schlinge die Arme um mich. Es hilft nicht dabei, mich besser zu fühlen. Ich werfe ihm vorsichtige Blicke zu, während ich ihm zu seinem quietschroten Dodge folge.

»Ach was, du hast doch eine schöne Stimme.« Er zieht die Fahrertür auf und deutet ins Innere. »Bitte.«

Ich werfe einen Blick hinein, nicht sicher, ob ich nun über den Fahrersitz kriechen soll, um auf den Beifahrerplatz zu kommen. »Ist die andere Tür kaputt?«

Ein Runzeln gleitet über seine Stirn. »Wie bitte?« Er sieht in den Wagen und läuft tomatenrot an. »Oh!« Er schaut mich an, seine Brauen heben sich, und ich zerschmelze vor Rührung. Er ist so süß! »Das vergesse ich immer wieder.« Er grinst. »Ich sollte dich warnen. Mit mir zu fahren, ist gefährlich.«

Obwohl seine Worte eher besorgniserregend sind, muss ich lachen. »Ach ja?«

»Ich habe mich offensichtlich noch nicht daran gewöhnt, dass ich auf der linken Seite sitze und auf der rechten Seite fahre.« Er hebt eine Schulter. Dann geht er rasch um den Dodge herum und öffnet die Beifahrertür. »Mylady.« Er verbeugt sich leicht, und ich kichere wie ein Teenager. »Ich übertreibe«, sagt er mit beruhigendem Unterton. »Du brauchst keine Angst zu haben, mit mir im Graben zu landen. Ich habe meinen Führerschein neu machen müssen, um in den USA fahren zu dürfen.«

In den USA ... Langsam umrunde ich den Wagen und bleibe vor ihm stehen. »Woher kommst du denn?«

»West Bromwich.« Sein Grinsen ist so breit, dass er Zähne zeigt.

»Ah.«

»Du hast keine Ahnung, wo West Bromwich liegt.« Er zwinkert mir zu.

»Nein«, gebe ich zu. »Ich nehme mal an, nicht in Amerika.«

»Nein, in Großbritannien.« Er deutet in den Wagen. »Steig ein. Wohin bringe ich dich?«

Ich nicke und setze mich in den Dodge. Ethan schlägt vorsichtig die Tür zu und umrundet seinen Wagen. Ich verfolge ihn mit den Augen und lege den Kopf schräg. Er schnallt sich an und sieht mich erwartungsvoll an.

»Ich brauche Kaffee«, sage ich vorsichtig. »Macht es dir etwas aus, mich zum Coffee&Dreams zu bringen?« Ich beiße mir auf die Unterlippe. »Ich lade dich ein, wenn du möchtest.« Da er mich nur ansieht, werde ich nervös und rutsche auf meinem Sitz herum. »Musst ja nicht. Ich wollte mich nur für die Unterstützung bedanken. Euer Tailback ist ...«

»... manchmal ein ganz schönes Arschloch«, beendet Ethan meinen Satz, auch wenn ich mich wohl vorsichtiger ausgedrückt hätte. »Pete weiß wirklich nicht, wann es angebracht ist, den Mund zu halten.« Er hebt die Brauen und sieht mich noch eindringlicher an als zuvor. »Oder die Finger bei sich. Und ich nehme deine Einladung gern an. Ehrlich, ich dachte, dass ich vielleicht etwas müffeln könnte, da ich mich nur schnell abgebraust habe. So geht man doch nicht auf ein Date.« Er zwinkert mir zu.

Mein Erschrecken über seine Formulierung verpufft gleich wieder, da ich mir eine Verabredung mit ihm durchaus vorstellen könnte. »Na, für ein Date müsstest du dich schon mehr anstrengen.« Ich wische mir die feuchten Handflächen an meinem Kleid ab. »Gut zu riechen, ist da selbstverständlich, und ein Lokal, in dem ich nicht arbeite, wäre mir auch wichtig.« Allein schon, da meine Nemesis Lindsey ständig im Coffee&Dreams auftaucht und mir damit jedes Date vermasseln würde.

Ach, verflixt! Natürlich kenne ich den verfluchten Tailback! Das ist Pete, Lindseys Bruder und alles andere als Coopers fester Freund. Er ist nicht mal bi. Pete und Lindsey wohnen über dem Coffee&Dreams und sind daher Stammkunden. Hat er mich erkannt? Muss ich jetzt ständig befürchten, von ihm angemacht zu werden?

»Abgemacht.« Ethan startet den Wagen. »Auf zum Coffee&Dreams.«

Das Stadion liegt etwas außerhalb, und natürlich wollen alle Zuschauer ebenfalls nach Hause, daher sind die Straßen ziemlich voll. Trotzdem vergeht die Fahrt wie im Flug. Ich versuche, nicht nervös herumzurutschen oder ihn anzustarren. Beides gelingt mir nicht. Also versuche ich es mit einem Gespräch. »Du bist also Engländer?«

»Brite. Du bist doch auch nicht Kalifornierin.« Er wirft mir wieder diesen Blick zu, der von einem schiefen Grinsen begleitet wird. Es wirkt neckend, auch wenn ich mich gleich dumm fühle.

»Doch, schon.«

»In dem Fall bin ich auch Engländer.« Er lacht. »West Bromwich liegt nahe Birmingham in den West Midlands.«

Blut steigt mir in die Wangen. Mir sagt weder Birmingham noch West Midlands etwas. »Ich bin hier geboren. In Sacramento.«

Zum Glück biegen wir in die Main Street ein und die Reklametafel preist das Café bereits in der Ferne an. Ich atme erleichtert ein und entspanne mich ein wenig. Wenn ich zu Hause bin, googele ich einfach und finde heraus, wo er herkommt.

»Da sind wir.« Ethan parkt direkt vor dem Lokal. Ich kann Dominic hinter dem Tresen sehen. Er poliert Gläser und wartet bestimmt auf den Ansturm. Nach jedem Spiel – ganz besonders nach einem erfolgreichen – versammeln sich hart gesottene Fans in unserem Café und stoßen mit Soja-Latte auf den Sieg an. Es ist vielleicht keine gute Idee gewesen, Ethan ausgerechnet hierher zu bringen.

Ich will meine Bedenken gerade ansprechen, da stößt er die Tür auf und steigt aus. Ich seufze ergeben. Mit etwas Glück wird er nicht erkannt, denn die Mannschaft feiert gewöhnlich im Vereinsheim.

Ethan zieht meine Tür auf und hält mir die Hand entgegen. Engländer, erinnere ich mich und ergreife seine warmen Finger.

»Macht man das bei euch wirklich?«, frage ich ihn belustigt und ziehe die Hand zurück, sobald ich stehe. »Ist das nicht nur ein Klischee?«

»Wir sind überaus höflich.« Er zwinkert, und ich bin mir nicht sicher, ob er mich auf den Arm nimmt. »Wir sind so höflich, dass wir uns eine Stunde lang über unser Wohlbefinden austauschen können, obwohl keinen von uns wirklich interessiert, wie es dem anderen geht.«

Ich ziehe die Nase kraus. »Das klingt nicht gut.«

Ethan zuckt die Achseln und schlägt die Tür zu. Er reicht mir den Arm. »Darf ich bitten?«

»Oh, komm!« Ich lache. »Das ist doch Bullshit!«

»Bitte.« Er grinst ebenfalls. Ich bin mir sicher, dass er mich hochnimmt, also gehe ich darauf ein und lege ihm die Finger auf den Unterarm. Er führt mich zur Eingangstür und schiebt sie auf.

Dominic sieht zu uns herüber, schließlich wurde unser Eintreten von der Glocke begleitet, die über der Tür hängt. »Nanu!«, sagt er und mustert Ethan. Er spitzt die Lippen zu einem lautlosen Pfiff.

»Wo möchte die Lady sitzen?«, fragt Ethan. Er hat die peinliche Mimik meines Chefs wohl nicht bemerkt.

»Ähm.« Ich sehe mich um. Nur ein Tisch ist belegt, und ich hebe die Hand, um Renee zu begrüßen, eine der Künstlerinnen, die mit mir in der Auswahl für das Kunststipendium gewesen sind. Sie hat ebenfalls keins erhascht und wir haben uns darüber angefreundet. »Ich dachte, ich kreiere dir einen einmaligen Latte.« Ich richte meinen Blick auf ihn. »Du trinkst doch Latte?«

»Milch?« Er prustet vor Lachen. »Ja. Ich dachte aber, dass du mich zu einem Kaffee einlädst.«

»Jupp. Du kannst haben, was du willst, solange aufgeschäumte Milch ein Bestandteil ist.« Ich feixe breit. Das Ravens-Emblem ist schwierig, aber da ich es oft in den Kaffee kippe, ist es keine Herausforderung mehr für mich. Mir ist nach einem Experiment. »Was zeichnet West Bromwich aus?«

Er blinzelt. »Was?«

»Was ist typisch für deine Heimat?«, frage ich noch einmal. »Für uns sind es unter anderem die Ravens.«

»Die West Bromwich Albions.« Er grinst verlegen. »Ein Fußballklub.« Röte legt sich auf seine Wangen. »Soccer. Ein Soccer-Klub.«

Obwohl wir auf meiner Highschool auch einen Soccer-Klub hatten, kann ich mit dem Sport kaum etwas anfangen. »Okay, ich sehe schon«, murmele ich nervös. »Ich habe einiges zu lernen.«

»Nein«, versichert Ethan eilig und fasst nach meinen Fingern, um sie zu drücken. »Wenn du mich über Kenia ausfragen würdest, wüsste ich auch kaum etwas Relevantes. Großbritannien ist bekannt für ...«

»Seine Königin«, presche ich vor und reiße die Augen auf. Die ist doch kürzlich gestorben! »König!«, haspele ich erschrocken. »O Gott! Ich bin wirklich nicht so dumm, wie ich wirke.«

Ethan mustert mich. »Ich halte dich nicht für dumm«, versichert er leise. »Und Queen Elizabeth wird immer unsere Königin bleiben. Meine Mutter spricht immer noch von Prince Charles.« Er zuckt die Achseln und verzieht die Lippen wieder zu einem Lächeln. »Wir Menschen sind eben Gewohnheitstiere.«

»Ja.« Ich entziehe ihm nervös meine Hand und schaue mich um. Dominic hebt die Brauen, und ich weiß genau, was in seinem Kopf vorgeht, also schüttele ich meinen unauffällig. »Also gut, setz dich. Was möchtest du? Caffè Latte, Latte Macchiato, Kuh-, Soja-, Kokos- oder Hafermilch ...«

»Whoa.« Ethan hebt die Hände. »Zu viele Fragen auf einmal. Entscheide du. Ich lasse mich überraschen.«

»Okay.« Ich umrunde den Tresen und verschwinde im Personalbereich, um mir meine Schürze überzuziehen. Bei meinem obligatorischen Blick in den Spiegel fällt mir auf, dass ich noch das Haarnetz trage, das Jermaine mir über das festgesteckte Haar gezogen hat. Ich sehe schrecklich aus, schließlich hat er mich tatsächlich mit einer Leinwand verwechselt und unnötig viel Farbe aufgetragen. Ich kann da nicht wieder rausgehen. Ich lehne mich an die Wand und schließe die Lider. Ich sehe aus wie eine Stripperin! Und das schreckliche Marilyn-Monroe-Kleid hat den Eindruck sicherlich verstärkt.

»Hey.«

Ich schrecke zusammen und reiße die Augen auf.

Dominic deutet in den Verkaufsraum. »Das ist nicht Pete.«

»Nope.« Ich reibe die Handflächen aneinander.

»Hast du mir da was verschwiegen?« Er grinst frech. »Noch ein Geburtstagskind oder ...«

»Mein Retter«, korrigiere ich und fasse knapp zusammen, was passiert ist. »Sie hat mich angelogen!«, ende ich fuchsig. »Sie hat mich ...«

»... ins kalte Wasser gestoßen.« Dominic zuckt die Achseln. »Und dir ein Date beschert.« Er deutet zur

Theke. »Jeden Moment ist hier die Hölle los, und Shona hat sich abgemeldet.« Er seufzt abgrundtief. »Lass den armen Kerl nicht warten.«

»Hey«, halte ich ihn auf und lege ihm mitfühlend die Hand auf den Oberarm. »Ich lass dich doch nicht im Stich.« Immerhin habe ich meine Arbeitskleidung bereits an. »Gib mir eine Minute, um mein Gesicht zu waschen und mein Haar zu befreien ...« Ich unterbreche mich, da mir Ethan in den Sinn kommt. Ich seufze. »Und dann vielleicht noch fünf weitere, um Ethan einen Latte zu machen und kurz mit ihm zu sprechen?«

»Du willst den armen Kerl versetzen?«, fragt Dominic fast entsetzt. »Was ist falsch an ihm?« Er streckt den Hals, aber ich bezweifle, dass er Ethan aus dem Personalbereich heraus sehen kann.

»Nichts. Er ist ein Gentleman.« Ich schmunzele.

Dominic hebt die Brauen. »Aha. Na, ich gebe dir sogar zehn Minuten mit deinem *Gentleman*.«

Ich lache und schiebe ihn hinaus, bevor ich mein Gesicht wasche, das Netz abnehme und meine blonden Locken zu einem lockeren Dutt zusammenfasse.

Ethan sitzt an der Bar und fängt meinen Blick ein. Seine Mundwinkel heben sich augenblicklich, und seine Augen strahlen. Ich bekomme ganz weiche Knie. Oje. Meine Hände zittern, und mein Versuch, die Londoner Tower Bridge auf Schaum zu malen, scheitert. Also etwas weniger Anspruchsvolles? Eine Krone geht immer.

Ich stelle sein Glas vor ihm ab. »Möchtest du auch Kuchen? Wir haben wundervolle Zimtschnecken.«

Er schüttelt den Kopf und betrachtet meine Latte Art. »Warum habe ich eine ... Krone und du ... die Golden Gate Bridge?«

Ich muss einfach lachen. »Ja, die ist nicht gelungen und sollte eigentlich die Tower Bridge sein.«

»Oh.« Er lacht und verzieht dabei drollig die Miene. »Wie kriegst du da überhaupt was halbwegs Erkennbares draufgemalt?«

»Das ist Kunst«, behaupte ich selbstbewusst.

Die Glocke über der Tür bimmelt und kündigt die ersten Gäste an. Ich seufze. Es ist dumm gewesen, meine Hilfe anzubieten, das erkenne ich jetzt.

Ethan sieht über die Schulter zurück. »Musst du arbeiten?«, fragt er ernst.

Ich räuspere mich. »Ja. Tut mir leid.«

»Schon gut. Wir sind uns ja einig, dass unser erstes Date gut riechend und an einem anderen Ort stattfinden muss.« Er zwinkert mir zu und grinst spitzbübisch. »Morgen? Ich hole dich ab.« Er zieht sein Telefon hervor. »Tauschen wir Nummern aus? Dann kannst du mir schreiben, wo ich hinmuss.« Er schiebt mir das Gerät über den Tresen.

Ich zögere nur kurz. Eigentlich bin ich viel zu feige, um in solche Situationen zu geraten. Man fragt mich nicht nach meiner Nummer. Zittrig greife ich nach dem Mobiltelefon und gebe meine Nummer ein. Ich sehe auf in seine grünbraunen Augen, und mein Herz macht einen Looping.

»Nanu«, höre ich Lindseys glockenhelle Stimme, die mich aus dem süßen Moment reißt. »Wen schmachtest du denn an?« Sie lacht quietschend und lehnt sich neben Ethan an den Tresen. »Dich kenne ich doch.«

»Hi«, sagt Ethan und hebt die Hand zum Gruß. »Ich bin Ethan.«

»Der Neue bei den Ravens.« Lindsey mustert ihn. Ihre roten Lippen verziehen sich zu einem Grinsen. »Auf welcher Position spielst du noch? Offensive Tackle?«

»Zurzeit ja.« Er verengt die Augen. »Und du bist …«

»Lindsey.« Sie lehnt sich vor und flüstert ihm etwas ins Ohr, das ihm das Blut in die Wangen treibt. Sie zwinkert ihm zu, wendet sich ab und sieht mich an. Da liegt Hohn in ihrem Blick. »Wo bleibt mein Latte?«

4

Ethan

Abby hat mir so leidgetan vorhin in der Kabine. Sie sah völlig fertig und überrumpelt aus, ein kleines Häufchen Elend in einem Kleid, das zwar definitiv sexy war, aber irgendwie nicht zu ihr passte. Jetzt und hier, ohne die übertriebene Gesichtsbemalung und im süßen Blümchenkleid, in dem Café, in dem sie arbeitet, wirkt sie wie ein ganz anderer Mensch. Jeder Handgriff sitzt, und sie bewegt sich selbstbewusst. Zwar habe ich ihr leichtes Zusammenzucken bemerkt, als die aufdringliche Blonde neben mir am Tresen sie so zickig angeredet hat, aber sie hat sich schnell wieder gefasst und bereitet das gewünschte Getränk zu. Fasziniert betrachte ich ihre Finger, wie sie flink mit dem kleinen, silbernen Kännchen hantieren und auf dem Milchschaum das Emblem meiner neuen Mannschaft entstehen lassen. Sie ist wirklich ein Profi in ihrem Job. Dass die Tower Bridge nicht gelungen ist, liegt sicher daran, dass sie sie höchstens mal auf einem Bild gesehen hat. Ansonsten ist sie absolut sicher in dem, was sie hier tut.

Fast so wie ich damals zu Hause, sobald ich aufs Rugbyfeld gekommen bin. Mein erstes Spiel fürs Team heute war nicht schlecht, denke ich, aber bis ich so richtig angekommen bin, dauert es wohl noch etwas. Hoffentlich habe ich mir mit dieser Rettungsaktion keine Feinde gemacht. Pete ist beliebt und einflussreich im Team sowie bei den Coaches. Und ich habe ihm seine *Beute* weggenommen.

So hat er Abby behandelt. Wie Beute. Mir hat sich der Magen umgedreht. Ganz egal, was ich mir damit zerstört habe – ich hätte nie im Leben zulassen können, dass sie weiter gedemütigt und bedrängt wird.

Abby lächelt mir zu und stellt das Getränk vor meine Platznachbarin. Diese bedankt sich nicht mal, hebt nur ihr Glas in meine Richtung. »Stoß mit mir an, ja, Ethan?« Lindsey zwinkert mir zu. »Auf eine gelungene Saison für die Ravens.« Sie rückt noch ein Stück näher und klimpert mit den Wimpern.

Ich hebe mein Glas, lasse es an ihres stoßen – wie könnte ich nicht auf den Erfolg meiner Mannschaft trinken wollen? –, rücke dann aber ein Stück von ihr weg. Die Tür geht auf und am Stimmengewirr erkenne ich, dass mehrere Personen eintreten. »Ich muss dann auch los«, sage ich bedauernd zu Abby und trinke mein noch viel zu heißes Getränk aus. »Hast du noch eine Minute für mich, ehe der Ansturm losgeht?« Ich nicke in Richtung der Tür.

»Ich hätte mehr als nur eine Minute für dich, Ethan«, flötet Lindsey und legt mir die Hand auf den Arm.

Da sie meine subtilen Zeichen wohl nicht erkennt, wende ich mich ihr zu, pflücke ihre Finger von meinem Arm und sage zwar freundlich, aber direkt: »Sorry, Lindsey, aber ich möchte mit Abby reden.« Eigentlich ist es nicht meine Art, so unhöflich zu sein, aber sie lässt mir keine Wahl.

Lindseys Lächeln verrutscht, und sie verengt leicht die Augen. »Dein Verlust«, meint sie schnippisch und wendet mir den Rücken zu. Sie winkt enthusiastisch einem der gerade eingetretenen jungen Männer zu. Der strahlt über das ganze Gesicht und kommt freudig auf uns zu. Offenbar besteht kein Mangel an Verehrern, auch wenn ich nicht auf ihre Flirtversuche anspringe. Ich räume schnell das Feld, gehe Richtung Ausgang und warte.

Abby kommt hinter dem Tresen hervor, grüßt die neuen Gäste und geht voraus durch die Eingangstür des Cafés hinaus auf den Bürgersteig. Ich folge ihr.

»Danke für den Kaffee«, sage ich, als wir bis auf einige Passanten allein sind. »Der war wirklich lecker und sehr kunstvoll angerichtet.«

»Tut mir leid, dass du ... belästigt wurdest.« Sie nickt leicht in Lindseys Richtung.

»Ist die immer so zickig zu dir?«

Über Abbys Gesicht huscht ein Schatten. »Kann man so sagen.«

»Hat das einen Grund?«

»Na ja ... Das Einzige, was ich mir denken kann, ist, dass wir uns um das gleiche Stipendium beworben haben. Sie hat es bekommen und ich nicht.« Sie hebt die Schultern. »Seitdem fühlt sie sich noch mehr wie was Besseres. Eigentlich wäre es an mir, ihr böse zu sein. Leider ist sie wirklich talentiert.«

»Du aber bestimmt auch.«

»Das ist lieb von dir.« Sie seufzt. »Aber das kannst du doch gar nicht wissen. Das Einzige, was du bisher von mir gesehen hast, war eine Gesangseinlage wie aus der Vorschule, das Körpergefühl eines Blauwals an Land und das verkorkste Wahrzeichen Londons.«

Ihr Gesichtsausdruck ist so komisch-verzweifelt, dass ich lachen muss. Zum Glück lacht sie mit. Ich könnte ewig mit ihr hier so stehen. Aber das geht nicht. Sie hat zu arbeiten, und ich sollte mich auf der Mannschaftsfeier sehen lassen.

»Also dann ...« Ich mag mich gar nicht von ihr trennen. Ich habe mich noch nie so schnell so stark zu jemandem hingezogen gefühlt wie gerade zu ihr. Und ich habe das Gefühl, dass das hier etwas Schönes werden könnte. Aber ich muss mich bremsen. Es langsam angehen lassen, um es nicht zu versauen. Ein Kerl am Tag, der ihr zu nahe tritt, ist wohl mehr als genug.

Sie knetet die Hände vor dem Bauch. »Also dann ... Tut mir leid, dass ich arbeiten muss.«

»Aber morgen hast du frei?«

Sie nickt heftig. »Vielleicht nicht den ganzen Tag, aber Dominic kann mich hier nicht vierundzwanzig Stunden anbinden.«

»Ich würde morgen Abend gern was für dich kochen.« Die Worte entschlüpfen mir, ehe mir klar wird, was ich da anbiete. Ein romantisches Abendessen in der Wohnheimküche. *Super Idee, Ethan!* Ich schüttele innerlich den Kopf über mich.

Ihre hübschen blauen Augen weiten sich. »Du kannst kochen? Ich dachte, in England ...« Sie unterbricht sich.

»Tja, die englische Küche hat nicht den besten Ruf, das ist mir klar. In ihr finden sich aber viele Einflüsse aus aller Welt. Und ja, ich kann kochen. Gibt es etwas, das du nicht magst, oder hast du Allergien?« Ihr Getränk hatte sie ebenso wie meines mit Kuhmilch zubereitet, also würde ich mir wohl über veganes Essen keine Gedanken machen müssen, aber vielleicht …

»Ich esse eigentlich alles«, sagt Abby und hebt die Schultern. »Ich bin da ganz unkompliziert.«

»Magst du es scharf?«

Sie hebt eine Augenbraue, und ich spüre Hitze in meine Wangen steigen. Verdammt! Warum hab ich das gesagt? Ihrer Miene nach zu urteilen, ist es als blöder Anmachspruch rübergekommen.

»So war das nicht gemeint!«, versichere ich ihr schnell.

»Schon gut.« Sie zwinkert mir zu. »Ja, ich mag es scharf.«

Warum klang das jetzt von ihr wie ein Anmachspruch? Mir wird noch heißer. Dass wir uns auf Anhieb so gut verstehen, ist doch zu schön, um wahr zu sein. Plötzlich beschleichen mich Zweifel. »Meldest du dich wirklich morgen bei mir?« Zur Hölle! Warum wäre ich enttäuscht, wenn sie es nicht täte? Ich kenne sie doch gar nicht!

Abby zieht die Augenbrauen zusammen. Von dem frechen, fröhlichen Gesichtsausdruck von gerade eben ist nichts mehr zu sehen. »Hab ich doch gesagt.« Sie mustert mich finster. »Ich lüge nicht.«

Meine Hände sind plötzlich schweißnass. »Natürlich nicht!«, versichere ich schnell und wische sie an meiner Hose ab. »Das wollte ich damit auch nicht sagen. Ich … war nur unsicher, ob du … ob du wirklich mit mir essen möchtest. Vielleicht sagst du das ja jetzt nur, weil du mir dankbar bist oder so.«

»Ich sage nie etwas *nur so*«, behauptet Abby fest. »Ja, ich bin dir dankbar, aber das wäre kein Grund für mich, einem Da–« Sie unterbricht sich. »... einer Verabredung zum Essen zuzustimmen.«

Ich versuche, ein Grinsen zu unterdrücken, doch es gelingt mir nicht ganz. Klar, auch für mich ist es kein Date-Date, sondern nur ein zweites Kennenlernen. Eigentlich das erste, das nicht auf einem absoluten Zufall und einer unglücklichen Situation für sie beruht, aber ich freue mich trotzdem, dass es ihr fast rausgerutscht wäre.

Auch Abby lächelt jetzt wieder. »Und wenn du dann auch noch selbst kochst – wie sollte ich da Nein sagen? Niemand, den ich kenne, kocht selbst. Man geht ins Restaurant, bestellt oder holt Essen oder schnappt sich ein Sandwich im 7-Eleven.«

»Ja, das ist mir auch schon aufgefallen. Wir waren letztens beim Headcoach zu Hause zum Barbecue eingeladen. Er besitzt nicht mal Geschirr, sondern nur Pappteller und Plastikbesteck, die danach in den Müllsack wanderten.«

»Abby!«, erklingt die Stimme ihres Chefs durch den offenen Türspalt. »Beweg deinen süßen Hintern hinter den Tresen, aber pronto!«

»Alles klar, Dom«, ruft sie zurück und lacht. »Dominant wie immer. Du machst deinem Namen Ehre.«

Ich muss auch lachen. »Er wirkt gar nicht so schlimm.«

»Ist er auch nicht. Wir ärgern einander nur gern.« Sie grinst breit, dann wird sie wieder ernst. »Ich melde mich morgen. Versprochen.«

»Ich freue mich.« O Gott, wie gern ich sie jetzt umarmen würde! Aber das verbietet die Höflichkeit. Schließlich wurde sie bereits ungewollt ...

Alle Gedanken verlassen mein Gehirn, als sie die Arme um mich legt und mich kurz an sich zieht. »Danke noch mal für vorhin. Ich freue mich auch auf morgen.« Dann stellt sie sich auf die Zehenspitzen, gibt mir einen Kuss auf die Wange, schenkt mir noch ein Lächeln und eilt zurück ins Café.

Ich sehe ihr nach und kann mich erst losreißen, als ich bemerke, dass Lindsey mir einen finsteren Blick durch die Glasscheibe zuwirft.

Diesmal denke ich sogar gleich daran, links ins Auto einzusteigen. Ich googele schnell nach dem nächstgelegenen Asia-Laden, denn ich wage nicht zu hoffen, dass ich im normalen Supermarkt die Gewürze und Zutaten für mein berühmtes Chicken Makhani ergattern kann.

Die Party im Vereinsheim ist noch in vollem Gange, als ich nach erledigtem Einkauf eintreffe. Eigentlich legen die Coaches uns nahe, nicht so viel Alkohol zu trinken, aber sie scheinen heute selbst ganz gut dabei zu sein. Nun, ein Bier wird nicht schaden, auch wenn das amerikanische nicht ganz mein Fall ist. Ich hole mir eins und gehe rüber zu Emilio, Jay und Leroy. Hauptsächlich, weil sie in der entgegengesetzten Ecke von Pete und Cooper stehen. Wenn ich auf etwas keine Lust habe, dann ist es eine Konfrontation mit denen. Ich bin immer noch wütend auf die beiden. Cooper soll der BFF von Abbys Schwester sein, und er hilft ihr nicht mal, wenn sie eindeutig in Schwierigkeiten steckt? Und Pete ... Ich krampfe die Hände um mein Glas. Dachte er wirklich, er bekäme eine *Frau* zum Geburtstag geschenkt? Seit wann darf man Überbringerinnen von Geburtstagsständchen behalten? Selbst wenn ich ihm zugutehalte, dass er noch voller Adrenalin vom Spiel war – so geht es ja nicht!

»Na, wie hat dir dein erstes Spiel gefallen, Junge?« Headcoach Gerber tritt zu uns und stößt sein Bierglas gegen meines. »Hast dich gut geschlagen! Wie du den Defensive End im dritten Viertel geblockt hast – fantastisch!« Er schlägt sich lachend auf den Schenkel. »Der Kerl hat einen schönen Abflug gemacht. Aber noch besser warst du bei den Laufspielzügen. Ich glaube, wir versuchen es in nächster Zeit mit dir als Runningback.«

»Mir ist alles recht, was dem Team hilft«, sage ich und meine es auch so.

Ich sage nie etwas nur so. Abbys Stimme klingt mir in den Ohren. *Ich lüge nicht.*

Ich wünschte, ich könnte das von mir auch behaupten. Wie erbost sie plötzlich ausgesehen hat, als sie dachte, ich würde sie der Lüge bezichtigen. Ehrlichkeit scheint ihr wichtig zu sein.

Es ist, als hätte sich ein Schatten auf meine Seele gelegt, und Headcoach Gerbers Fröhlichkeit erreicht mich nicht mehr. Ich bemühe mich, das Lächeln auf meinem Gesicht zu halten, und leere schnell mein Glas. Vielleicht sollte ich gehen.

»Da kommt ja auch unser Geburtstagskind!« Der Coach lacht immer noch, und ich stelle mein Glas ab, ehe es mir noch zwischen den Fingern zerspringt. Pete und Cooper kommen zu uns herüber. Der Coach macht noch ein paar Sprüche, dann trollt er sich in eine andere Ecke des Raumes.

Pete und ich stehen einander gegenüber. Seine Augen sind blutunterlaufen und glasig. Ich beiße mir auf die Innenseite der Wange und warte.

»Na, du Kameradenschwein?«

Ich kann nicht verhindern, dass ich zusammenzucke. Das Wort geht mir durch und durch.

»Hast du Verräter mein Geschenk, das du mir gestohlen hast, auch sicher nach Hause gebracht?« Petes höhnische Stimme klingt schon leicht schleppend.

»Sie war kein Geschenk«, stellt Cooper halbherzig richtig, aber Pete ignoriert ihn.

»Du hast dich wie ein Idiot aufgeführt«, füge ich hinzu.

Pete tritt dicht vor mich, und ich rieche seinen Bier-Atem. »So redet niemand mit mir«, zischt er, »und schon gar kein kleines englisches Würstchen.«

Ich will einen Schritt zurücktreten, aber er packt mich an den Oberarmen.

»Und wenn du nicht willst, dass ich deine Eier zu Rührei verarbeite, komm mir nicht noch mal in die Quere!«

Ich greife nach seinen Armen und reiße sie von mir herunter. »Du bist betrunken, Mann.« Dann gebe ich ihm einen leichten Schubs in Coopers Richtung. Der fängt ihn auf und sieht gar nicht unglücklich dabei aus. »Ich will keinen Stress, klar? Ich bin hergekommen, um meine Ruhe zu haben und meinen Sport zu treiben. Das machst auch du mir nicht kaputt!«

»Ach, hat man in England nicht seine Ruhe?« Pete zieht einen Mundwinkel hoch, dann befreit er sich aus Coopers Umarmung. »Soll doch ganz beschaulich auf dieser Insel zugehen.« Er kommt wieder näher, starrt mich mit verengten Augen an. »Was genau hat dich eigentlich hierhergetrieben?«

»Lass gut sein, Pete«, sagt fordert Leroy. »Das hat er doch schon mehrmals erzählt.«

»Ja«, stimmt Emilio ein. »Ein Mann braucht mal einen Ortswechsel. Da gibt es doch nichts zu hinterfragen.«

Pete sieht noch immer nicht überzeugt aus, und ich spüre Hitze in meinen Wangen aufsteigen. Verdammtes Erröten! Warum kann ich mir das eigentlich nicht abgewöhnen? So muss er doch denken, ich verberge etwas!

Und das tu ich ja auch. Ich schlucke schwer, und trotz des Bieres fühlt sich meine Kehle staubtrocken an. Dabei habe ich nichts zu befürchten. Absolut gar nichts! Es sollte nicht einfach sein, Informationen aus England über mich zu finden. Ich war nie auf Social Media und halte mich immer noch fern davon. Und meine frühere Adresse liegt lediglich dem Registrierungsbüro der Uni vor, das sie sicherlich nicht weitergeben wird.

Ich straffe die Schultern. »Pete, hör mal. Tut mir leid, wenn ich dich verärgert habe. Aber die Frau war eindeutig überfordert und du warst zu aufdringlich. Du kennst sie doch gar nicht.«

»Aber klar kennt er sie«, mischt sich Cooper ein. Seine Stimme klingt missmutig. »Er wohnt doch über dem Coffeeshop, in dem sie arbeitet.« Ein leises Knurren ertönt tief in seiner Kehle. »Und bisher hat er sich nie für sie interessiert.«

»Das war doch ...« Pete hickst. »... im Leben nicht die kleine graue Maus mit den Latte-Kunstwerken. Die sah doch ganz anders aus.«

»Ja.« Cooper verdreht die Augen. »Wie Marilyn Monroe. Das war der Sinn der Verkleidung.«

Sie ist keine graue Maus, würde ich am liebsten rufen, doch eigentlich will ich gar nicht, dass Pete das begreift. Gut, dass er sich nicht für sie interessiert, wenn sie sie selbst ist. Das erleichtert mich ungemein.

Cooper dagegen sieht nicht erleichtert aus, und mein Verdacht, dass er hinter Pete her ist, verstärkt sich. War das Ganze eine Art Test? Wir halten dem vermutlichen Hetero-Schwarm Brüste unter die Nase, um zu sehen, wie er reagiert? Na, das ist wohl nach hinten losgegangen. Pete war eindeutig interessiert. Mehr als das. Der Geschmack in meinem Mund wird noch bitterer, als er von dem Bier sowieso schon war. Ich will nur noch raus hier.

Pete reißt Emilio das halb volle Bierglas aus der Hand und kippt den Inhalt hinunter. »Ist ja auch egal.« Jetzt lallt er eindeutig. »Jedenfalls funkt mir keiner dazwischen, wobei auch immer, klar? Schon gar nicht einer aus der Mannschaft.« Er sieht sich nach Zustimmung heischend um. »Einer für alle ...« Er macht eine auffordernde Handbewegung.

»Alle für einen«, erklingt es lahm von zwei oder drei Mitspielern.

»Pete, du bist betrunken«, stellt Emilio fest. »Klar sind wir Teamkollegen, aber das heißt nicht, dass wir mitansehen, wenn einer Scheiße baut.«

»Können wir nicht einfach unseren Sieg feiern?«, murrt Cooper und legt den Arm um Pete. »Komm, holen wir uns noch ein Bier.«

Pete lässt sich wegführen, und ich fühle mich gleich erleichtert. Immer noch nicht wieder so gut wie vorhin in Abbys Gegenwart, aber besser als eben gerade. Ich nehme mein Glas und proste den Kollegen zu. Ich bin Teil dieses Teams, und das zu Recht. Die Vergangenheit spielt keine Rolle. Ich bin hier, nicht mehr in England.

Kameradenschwein.

Das Wort klingt mir in den Ohren. Zuerst in Petes lallender Stimme, dann in einer anderen.

Du Kameradenschwein! Durch deine Schuld kann ich nicht mehr spielen, und du willst mir nicht mal diesen kleinen Gefallen tun.

Ich schüttele den Kopf, doch Brandons Stimme will einfach nicht verschwinden.

Nur das eine Mal. Was soll passieren? Sei kein Kameradenschwein.

Das Glas rutscht mir aus den Händen und zerschellt auf dem Boden. Die Jungs um mich herum lachen.

»Na, hoffentlich passiert dir das demnächst als Runningback nicht mit dem Ei!« Jay zwinkert mir zu. »Sind die zarten englischen Händchen überanstrengt?«

»T-tut mir leid«, murmele ich und bücke mich, um die Scherben aufzuheben.

»Pass auf, dass du dich nicht schneidest«, warnt Leroy, aber da ist es schon zu spät. Ein Splitter hat sich in meinen Finger gebohrt. Der Schmerz passt zu dem, den ich innerlich verspüre.

Ich schlafe unruhig in dieser Nacht. Mein Finger pocht, und meine Gedanken kreisen. Immer wenn das Glücksgefühl, Abby kennengelernt zu haben, und die Vorfreude auf den nächsten Tag mich erfassen, kommt die Erinnerung an die anderen Dinge. Die, die ich vergessen will, und die, die nur allzu präsent sind. Brandon.

Pete. Das Heimweh nach meinem kleinen Bruder. Ich wälze mich herum und döse mehr, als dass ich schlafe. Irgendwann mitten in der Nacht stehe ich auf, setze mich an den Schreibtisch und vergrabe mich in meinen Büchern. Schließlich bin ich nicht nur zum Football-spielen hierhergekommen. Mein Blick fällt auf eine Notiz, die in einem der Bücher steckt, und ich seufze laut auf. Das hatte ich verdrängt. Ich muss noch eine Hausarbeit schreiben zum Thema: »Mannschaftsdynamiken im Profisport – elf Freunde oder Konkurrenten?« Ich raufe mir die Haare. Na, das Thema passt ja super.

Als die Sonne endlich aufgeht, steige ich in meine Sportklamotten und Laufschuhe, renne aus dem Wohnheim und immer weiter durch den frühen, aber milden Herbstmorgen hinunter zum Fluss. Die Joggingstrecke ist gut ausgebaut, die Bäume spenden Schatten und das Sonnenlicht funkelt auf den sanften Wellen.

Durchgeschwitzt und besser gelaunt komme ich wieder im Wohnheim an, gehe duschen und mache mich dann auf den Weg in die Küche. Ich ignoriere ein paar herumlungernde, Cornflakes löffelnde Typen und fange mit meinen Vorbereitungen für das geplante Essen an. Ich rühre als Erstes in einer großen Schüssel die Marinade aus Limettensaft, Ingwer, Salz, Cayennepfeffer, Kurkuma, Cumin, Garam Masala und Joghurt an. Eigentlich gehört auch Knoblauch in das Gericht, aber den spare ich mir nach reiflicher Überlegung heute lieber. Es ist schließlich ein Date! Na ja, kein Date-Date. Aber sollte sich die Gelegenheit ergeben, Abby näherzukommen, will ich bestimmt nicht schon wieder müffeln. Auch wenn wir das natürlich beide tun würden.

Ich merke, wie ich mich noch mehr entspanne. Laufen und Kochen – die beiden Dinge, die mir immer helfen runterzukommen. Und wenn ich jetzt an Abby denke, die ich heute Abend wiedersehen werde, kann ich gar nicht anders, als vor mich hin zu lächeln.

So, geschafft. Die Fleischwürfel sind von allen Seiten mit der Marinade bedeckt. Das kann jetzt schön ein paar Stunden durchziehen. Zufrieden decke ich die Schüssel mit Folie ab und stelle sie in den Kühlschrank. Ich ziehe mein Telefon aus der Tasche meiner Jogginghose und muss lächeln. Abby hat mir schon geschrieben, dass sie bis fünf Uhr arbeiten muss und ich sie dann im Café abholen kann. Ich antworte schnell, und während ich noch tippe, erfasst mich Aufregung. Weil es eben doch ein Date-Date ist. Für mich zumindest.

5

Abigail

Ethan hält mir die Tür auf, und ich schlüpfe nervös an ihm vorbei. »Ich dachte, dass mein Zimmer vielleicht nicht der richtige Ort ist«, murmelt er und wirft mir diesen scheuen Blick zu, der mein Herz schneller schlagen lässt. Er gibt mir das Gefühl, dass er ebenso nervös ist wie ich, und das beruhigt mich irgendwie.

»Ja, das ...« Da ich nicht richtig zugehört habe, stocke ich nun und dechiffriere seine Worte. Hitze schießt mir in die Wangen. »Daran habe ich gar nicht gedacht.«

Er zuckt die Achseln. »Ich auch nicht.« Er wischt sich die Hände an der Hose ab, bevor er mir einen Stuhl hervorzieht. »Ich fürchte, ich denke manchmal nicht alles zu Ende und gerate dadurch in Schwierigkeiten.«

Ich atme tief durch und setze mich.

Er beugt sich vor. »Ich verspreche, aufmerksam zu sein. Sollte ich trotzdem irgendwie den falschen Ton treffen ...«

Ich drehe den Kopf, und seine warmen Lippen streifen ganz kurz über meine Wange, bevor er sich leicht zurückzieht. Er ist mir so nah, dass ich mühelos die grünen Punkte in seinen ansonsten braunen Augen ausmachen kann, und sein Atem huscht über meine empfindliche Haut.

»Ich möchte, dass du dich wohlfühlst, auch wenn wir ...« Er bricht den Blickkontakt und schaut sich um. Ich tue es ihm gleich. Die Wohnheimküche ist schäbig, aber sauber. Auf der anderen Seite des langen Tisches sitzt ein struppiger Student über einer Schüssel Müsli, obwohl es gleich sechs Uhr sein muss. »... nicht allein sein werden.« Ethan seufzt und richtet sich auf. »Möchtest du was trinken?«

»Coke wäre gut.«

Ethan holt Cola, Gläser und Teller aus dem Schrank und stellt sie auf dem Tisch ab.

»Kann ich dir helfen?«, frage ich nervös. Kein Wunder, dass man bei einem Date gewöhnlich ausgeht und sich nicht bekochen lässt. Schließlich entsteht eine merkwürdige Situation dabei, sich ausgerechnet von der Person bedienen zu lassen, die man näher kennenlernen will.

»Nein.«

Ich beiße mir kurz auf die Lippe und horche in mich hinein. Eigentlich unnötigerweise, denn meine Gedanken kreisen, seit wir uns gestern getrennt haben, nur um Ethan. Ich habe etliche Bestellungen verwechselt und behauptet, noch von meinem Auftritt angeschlagen zu sein. Dom hat mich sicher durchschaut. »Es riecht hier wundervoll«, murmele ich, um mich abzulenken.

Er grinst geheimnisvoll. »Ich hoffe, es schmeckt auch.« Er stellt eine Schale mit flachen Brotfladen vor mir ab und zieht sich Kochhandschuhe über. Der himmlische Duft verstärkt sich, sobald er den Ofen öffnet. Er kommt mit einem Schmortopf und anschließend mit einer Schüssel Reis zu mir, zieht die Handschuhe aus und setzt sich neben mich. Erst füllt er mir Reis auf, dann hebt er den Deckel von dem Topf, sodass ich einen Blick auf den Inhalt werfen kann. Es sieht ein bisschen aus wie Kürbissuppe mit Stückchen.

»Chicken Makhani.«

»Ah.« Ich ziehe die Nase kraus. »Hühnchen.«

»Möchtest du Brot?«

Ich nicke, nicht sicher, was mich erwartet. »Das ist also typisch englische Küche?«

Ethan schaufelt sich ebenfalls eine Portion auf den Teller. »Nein. Das ist indische Küche, interpretiert von einem Briten in den USA. Vermutlich würde kein gebürtiger Inder das Gericht bei einer Blindverkostung wiedererkennen.«

Ich kichere und beiße mir eilig auf die Lippe. »Entschuldige«, bitte ich, nachdem ich mich wieder unter Kontrolle habe. »Ich bin mir sicher, dass es so lecker sein wird, wie es riecht.«

»Das kann ich nur hoffen. Guten Appetit.«

Ich nicke. »Dir auch einen guten Appetit.« Da Ethan die Soße mit den Fleischstücken vermischt und sie dann auf das Brot häuft, mache ich es ihm nach. Mein erster Bissen bleibt trotzdem vorsichtig. Es ist scharf, aber es brennt mir nicht augenblicklich die Geschmacksknospen durch.

»Möchtest du Milch?« Ethan sieht mich erschrocken an. »Ist es zu scharf?«

Ich schüttele den Kopf und kaue hastig. »Lecker«, versichere ich, sobald mein Mund leer ist. »Das könnte mein neues Lieblingsgericht werden.« Und das ist nicht übertrieben. Es schmeckt bei Weitem besser, als es aussieht, und ich schiebe mir gleich eine weitere Portion in den Mund.

Ethan grinst, und es freut mich, dass er zufrieden ist. Ein merkwürdiges Gefühl beschleicht mich. Eine Leichtigkeit, eine Art Schwindel. Ich muss ihn anstarren und ihn dabei beobachten, wie er isst. Er besitzt einen ausgeprägten Unterkiefer, dessen akkurate Nachbildung in Ton eine Herausforderung darstellen würde. Wollte man ihn auf Papier zeichnen, wären die markanten Konturen sicher hilfreich. Seine Lippen haben einen verführerischen Schwung und seine Augen faszinieren mich schlicht. Die Färbung ist so besonders, dass ich mir sicher bin, sie niemals richtig einfangen, den richtigen Ton niemals zusammenmischen zu können.

Seine Brauen heben sich. »Abby?«

»Entschuldige«, haspele ich schnell. »Ich denke darüber nach, dich zu malen.« Das habe ich nicht ausgesprochen, oder?

Seine Augen öffnen sich weiter. »Oh.« Ein Runzeln gleitet über seine Stirn. »Muss man da nicht stundenlang still sitzen?«

»Nein.« Ich beschäftige mich kurz mit meinem Essen. »Nicht zwangsläufig. Ich zeichne viel aus dem Gedächtnis.«

»Dann bin ich auf dein Kunstwerk gespannt.« Er grinst und deutet auf den Schmortopf. »Möchtest du noch etwas?«

»Es schmeckt toll«, versichere ich ihm. »Aber ich fürchte, mehr schaffe ich nicht.«

Ethan zuckt die Achseln und häuft sich eine weitere Portion auf den Teller. »Kein Problem. Also, du ...« Er stockt kurz. »Du studierst nicht?«

Meine gute Laune bekommt direkt einen Dämpfer und ich sage mir eindringlich, dass er lediglich aus Interesse fragt und nicht, um mich ebenfalls zu verhöhnen, wie ich es von Lindsey gewöhnt bin. »Noch nicht.« Ich räuspere mich. »Ich habe mich für dieses Jahr um ein Stipendium beworben, aber es ging an Lindsey.«

»Die Studiengebühren sind schon eine Hausnummer.« Ethan nickt. »Ich kann froh sein, dass meine Eltern ...« Er senkt den Blick, und die Pause zieht sich ungewöhnlich lang hin. »... mich unterstützen können.«

»Mein Vater unterstützt mich.« Ich schiebe den Teller von mir fort. »Aber er kann die Studiengebühren nicht aufbringen.« Schließlich muss er eine zweite Familie unterhalten. »Das Stipendium hätte mir da ausgeholfen. So muss ich eben arbeiten und sparen, damit ich in zwei oder drei Jahren mein Studium beginnen kann. Das ist in Ordnung. Ich bin gern selbstständig.« Auch wenn dies in meiner Jugend für mich nicht einfach war, hat es sich ausgezahlt, schon als Kind ins kalte Wasser geworfen worden zu sein.

»Mir fällt das schwer.« Seine Wangen röten sich einmal mehr, und er wirft einen zögerlichen Blick zu dem Kommilitonen, der immer noch über seiner Müslischale kauert. »Ich habe immer gedacht, dass ich selbstständig wäre, aber seit ich hier lebe, merke ich, wie sehr mir meine Familie fehlt.«

»Das wird besser«, versichere ich ihm und fasse nach seinem Unterarm. Die Hitze seiner Haut lenkt mich kurz von unserem Gespräch ab. »Ich habe meine

Schwester hier, deswegen ist das vielleicht noch etwas anderes als bei dir. Wenn ich allerdings meinen Vater besuchen will, fahre ich etliche Stunden auf dem Highway. Er ist zurück nach Abbotsford gezogen. Das liegt in British Columbia, Kanada.«

»Zurück?« Ethan wischt seinen Teller mit dem Rest Brot sauber. »Sagtest du nicht, dass du in Sacramento geboren worden bist?«

Ich nicke. »Ich schon, Claire nicht. Wir sind erst kurz vor meiner Geburt nach Sacramento gezogen, weil mein Vater hier ein gutes Jobangebot bekommen hat.«

»Wow. Meine Eltern haben West Bromwich nie verlassen.«

Ich öffne den Mund, um mich nach dem Ort zu erkundigen, dessen Name mir absolut nichts sagt, aber ich erhalte nicht die Gelegenheit, ein Wort hervorzubringen. Die Tür zur Küche wird aufgestoßen, und ein Pulk Kerle stürmt rein.

Ethan schaut sich um. »Oh.«

»Ethan!«, ruft der Mann mit den dunklen Locken und schlägt ihm auf den Rücken. Sein Blick huscht über mich, und er zieht die kräftigen Brauen hoch. »Nanu!«

»Emilio«, murrt Ethan und sucht meinen Blick. »Kennst du Abby?«

»Die Kleine von gestern?«, fragt der zweite Kerl und mustert mich überrascht. »Nee, du bist doch die Maus aus dem Café!« Er lacht und zieht den Stuhl neben mir hervor, um sich darauf fallen zu lassen.

»Leroy«, grollt Ethan und sieht seinen Teamkollegen mit einem warnenden Blick an. »Das ist Abby, keine Maus und auch keine Kleine. Können wir uns darauf einigen?«

Leroy zuckt die Achseln. »Klar.« Er streckt die Hand aus. »Hi, ich bin Leroy.«

Ich schüttele seine Hand.

Emilio hat sich auf die andere Seite des Tisches gesetzt und winkt mir lediglich zu. Er wirkt deutlich interessierter an dem Topf als an mir. »Du hast gekocht? Ich sollte Janice auch mal herbringen.« Er schnuppert. »Das riecht gut.«

»Deine Freundin freut sich sicher darüber, wenn du sie bekochst«, stellt Ethan trocken fest. Ich muss kichern und verbeiße es mir direkt, um nicht respektlos zu wirken.

»Ich soll ...« Emilio keucht und hebt die Hände. »Spinnst du, das ist doch ...« Er verstummt und wechselt einen Blick mit Leroy.

»Das meint er ernst«, stellt dieser fest und bricht in wildes Gelächter aus.

»Ja«, bestätigt Ethan. »Das meine ich ernst.« Er zieht den Schmortopf zu sich und späht hinein. »Wenn ihr hungrig seid, ich habe wohl genug für eine Fußballmannschaft gekocht.«

Ethan drückt mir ein Glas in die Hand. Wir haben die Küche zugunsten des Aufenthaltsraums verlassen und sind damit erst recht nicht mehr allein. Leroy und Emilio fläzen sich auf dem Sofa uns gegenüber herum, auch die anderen Sitzplätze sind größtenteils mit anderen Studierenden belegt.

Ethan setzt sich zu mir und legt den Arm auf der Lehne hinter mir ab. »Stört dich das?«

Ich schüttele den Kopf. Ein süßer Schauer durchfährt mich, und ich schiebe mich unauffällig näher zu ihm rüber. »Du hast mir noch gar nichts über West Bromwich erzählt.«

Ethans Mimik erstarrt. »Über meine Heimat?«, krächzt er, und mir wird gleich etwas mulmig. »Da gibt es nichts Großartiges zu erzählen.«

»Aha.«

Er wendet sich mir zu, und sein Lächeln wird wärmer. »Sacramento ist jetzt meine Heimat. Ich sollte mich hier auskennen. Was ist dein Lieblingsort in der Stadt?«

»Das Coffee&Dreams.« Das war nun wirklich keine schwere Frage. »Und mein Apartment.«

»Wo du malst.«

»Nicht nur.« Ich trinke einen Schluck und spüre seinen Arm in meinem Nacken, als ich mich zurücklehne. Wohlige Wärme durchströmt mich. »Was studierst du?«

Ethan seufzt. »Sportwissenschaften. Ich dachte, ich verbinde meine Leidenschaft mit meinem zukünftigen Job.«

»Klingt nicht falsch.« Immerhin plane ich Ähnliches.

»Hast du deine Hausarbeit schon fertig?«, fragt Leroy und zieht damit Ethans Aufmerksamkeit auf sich. Immerhin streifen seine Fingerspitzen nun meine Schulter und zupfen an einer Haarsträhne. Seine Berührung lässt mich wünschen, wir wären allein.

»Fertig ist übertrieben, aber ich komme gut voran«, sagt er. »Ach herrje! Vielleicht wäre es doch sinnvoller gewesen, woanders hinzugehen.«

Er braucht seine Worte nicht zu erklären, schließlich erkenne ich Pete und Cooper mühelos, die sich soeben ihren Weg durch den Aufenthaltsraum bahnen und uns bereits entdeckt haben. Ich spüre meinen Ärger

auflodern und drehe mich so, dass ich Cooper die kalte
Schulter zeigen kann. Dadurch stößt mein Knie gegen
Ethans Bein, und er schaut mich an.

»Keine Sorge«, murmelt er und ergreift meine Hand.
Er drückt sie sanft. »Pete kommt dir nicht zu nahe, ich
beschütze dich.«

Das ist einerseits süß, aber auf der anderen Seite auch
fragwürdig. Immerhin dürfte kein Grund bestehen,
Schutz zu brauchen. Trotz meiner Zweifel lächle ich
ihm zu.

Ethan zieht meine Hand zu sich, wodurch ich auto-
matisch ebenfalls zu ihm gezogen werde. Sein Arm
schlingt sich um meine Schultern, und ich lehne mich
gegen ihn.

»Nanu, ist das nicht ...«, höre ich Pete sagen, aber es ist
mir völlig egal. Ich seufze lediglich und kuschele mich
an Ethans Brust.

»Lass es einfach bleiben«, mahnt Leroy. »Hey, Coop,
hast du Bier dabei?«

»Klar.« Coopers Blick ruht nur einen kurzen Moment
auf mir, dann fliegt er zu Leroy. »Ich trage immer ein
Sixpack mit mir herum.« Er zieht sein Hemd hoch und
schlägt sich auf die definierten Muskeln.

»Solltest du.« Leroy lacht. »Ich darf noch keinen Alkohol kaufen.«

»Er hat recht«, mischt sich Pete ein. »Wir sollten unseren Sieg heute weiter feiern.«

»Im Rugby heißt es ja: Nach dem Sieg ist vor der Nie-
derlage.« Ethans Brustkorb bebt vor Lachen. »Soll heißen: Wir dürfen uns nicht auf unserem Erfolg ausru-
hen, sondern müssen trainieren, damit wir siegreich
bleiben.«

»Auch das noch.« Pete verdreht die Augen. »Englische Weisheiten zum Abendbrot. Wers braucht ...«

»Na, so dumm ist die Anmerkung gar nicht«, brummt Cooper und wirft Pete einen halb entschuldigenden Blick zu. »Aber etwas Spaß kann nicht verkehrt sein. Kommst du mit, Bier besorgen?«

Pete zuckt die Achseln und geht los. Cooper folgt ihm wie ein treues Hündchen. Er tut mir leid, obwohl ich böse auf ihn bin.

Ethan atmet tief durch. »Das wird eine Party. Vielleicht bringe ich dich besser nach Hause?«

»Abby ist alt genug für eine Party, oder?«, fragt Lercy belustigt. »Für eine *richtige* Party.«

»Die Frage ist, ob man ihr euch zumuten sollte.« Ethan drückt mich an seine Seite, und ich muss grinsen. So albern es scheint, irgendwie mag ich, dass er sich um mich sorgt.

»Uns?« Leroy deutet auf Emilio und sich selbst. »Wir sind doch allerliebst.«

Die Musik lädt zum Tanzen ein, und mein Fuß wippt unaufhörlich. Der Gemeinschaftsraum platzt aus allen Nähten, und das Stimmengewirr macht es schwierig, sich zu unterhalten.

»Langweilst du dich?«, fragt Ethan dicht an meinem Ohr.

Ich drehe den Kopf, um ihn ansehen zu können. Da es schon Abend ist, hadere ich mit mir: Eigentlich muss ich nach Hause, schließlich wartet morgen eine anstrengende Schicht auf mich, aber ich kann mich nur schlecht trennen. Ethans Nähe empfinde ich als so behaglich, dass ich mich viel lieber wieder an ihn kuscheln möchte. Ein ungewöhnlicher Gedanke, aber ich fühle mich bei ihm wirklich wohl. Gleichzeitig bin ich ängstlich. Will ich mich in eine Beziehung stürzen, die keine Zukunft haben kann? Herrje, jetzt stecke ich uns schon in eine Beziehung? Es ist wohl besser, wenn ich im Hier und Jetzt bleibe. »Nein, ich langweile mich nicht.«

»Wie bitte?« Er beugt sich weiter zu mir.

Ich lege ihm die Hand auf die Schulter und lehne mich ihm ebenfalls entgegen, um näher an seinem Ohr zu sprechen. »Ich langweile mich nicht«, versichere ich ihm. Mein Zeigefinger fährt versehentlich über die Naht seines Shirts und über seinen Nacken.

Er dreht den Kopf, seine Lippen streifen meine Wange und ich vergrabe die Finger in seinem Shirt. Sein Atem streicht über meine Lippen, seine Wimpern flattern, dann drückt er mir einen vorsichtigen Kuss auf den Mund. Er zieht sich gleich wieder zurück und schiebt mich leicht von sich. »Entschuldige. Ich sollte nachdenken, bevor ...«

»Küss mich ruhig«, wispere ich. Sicher viel zu leise, als dass er mich verstehen kann, aber aussprechen wollte ich es, auch wenn ich nicht die Courage besitze, es laut und deutlich zu sagen. Ich bin verwirrt, fühle mich unwiderstehlich zu ihm hingezogen, habe aber Angst, mich blind in etwas zu stürzen, was mich verletzten könnte.

»Ich wäre jetzt wirklich gern mit dir allein.« Ethans Stirn runzelt sich. »Das klingt jetzt blöd.«

Ich betrachte ihn. Ich will ganz sicher mit ihm allein sein, und schon diese Tatsache beunruhigt mich. Ich will etwas tun, was sich sicherlich als Fehler erweisen wird. Ich kenne ihn gar nicht, weiß nichts von ihm, nur wie ich auf ihn reagiere, und das reicht nicht aus. Mir ist es wichtig, zu wissen, was die Zukunft mir bringt. Ethan hat zu viele Variablen, die nicht zu mir passen. Ich bin keine Schönheit, nicht die Art Mädchen, in die sich Sportler verlieben. Ich bin bodenständig und ... schon merkwürdig. Er scheint beliebt zu sein, während ich eher kontaktscheu und introvertiert bin. Außerdem ist da noch der kulturelle Unterschied. Zwar sagt Ethan, dass er Sacramento als seine Heimat etablieren möchte, aber letztlich kann ich mir nicht vorstellen, dass er seiner Familie und seinem Land auf Dauer den Rücken zukehren wird. Papa ist ja auch wieder zurück nach Kanada.

Ethan berührt meine Wange, sein Daumen streicht sanft über meinen Mundwinkel. »Ich möchte dich wirklich küssen«, raunt er.

Ich nicke zögerlich. »Okay.«

Er beugt sich vor und haucht mir einen Kuss auf den Mund. Ich befeuchte mir nervös die Lippen, wodurch meine Zunge auch über seine fährt. Seine Finger rutschen in meinen Nacken, und er vertieft sanft seinen Kuss für einen kleinen Augenblick, dann lehnt er die Stirn an meine.

»Was hältst du von einem richtigen Date?«, fragt er mit belegter Stimme. »Ich denke, ich küsse dich gern.«

Ich kichere, drücke meinen Mund auf seinen und werfe alle Bedenken über Bord. »Ich küsse dich auch gern.«

Sein Daumen streicht zart über meinen Hals, dann über mein Ohrläppchen. »Dann ...«

Jemand fällt auf mich. Vielleicht auch eher auf Ethan, denn er schnauft plötzlich, und seine Hand rutscht ab. Vor mir sehe ich nicht mehr sein hübsches Gesicht, sondern einen Vorhang aus blonden Haaren.

»Ups«, trillert Lindsey. Ihr Hintern drängt sich zwischen uns. Sie kichert, als wäre sie angetrunken.

Ich dagegen fühle mich völlig ernüchtert. Zwar weiß ich nicht, was hier gerade passiert, aber ich bin mir sicher, dass Lindsey nicht gestolpert und aus Versehen auf Ethans Schoß gelandet ist.

»Was ...«, höre ich ihn sagen.

Lindsey bohrt sich immer noch zwischen uns. Es ist deutlich, dass sie mich zur Seite drängen will. Nur weil sich ihr Hüftknochen verdammt hart anfühlt und mir wehtut, weiche ich aus. Dadurch bekomme ich sie besser in den Blick. Sie hat die Arme um Ethans Hals geschlungen und presst sich an ihn. Ihr Top sitzt so knapp und eng, dass ihre Brüste nicht zu übersehen sind, schließlich quellen sie aus dem Push-up heraus.

»Ethan«, raunt sie, aber das kann ich mir auch einbilden, schließlich geht ein Jaulen durch den Raum. Dann folgt die Aufforderung an Ethan, sich Lindsay *klarzumachen.*

Ich rutsche von den beiden fort und muss dazu aufstehen, schließlich befand ich mich bereits am Ende des Sofas.

»Runter«, befiehlt Ethan und schiebt Lindsey von sich, aber die ist davon unbeeindruckt und reckt den Hals, um ihn zu küssen.

Mein Magen zieht sich zusammen. Sportler, Studierende. Das hier war zu erwarten. Ich trete von den beiden zurück.

Ethan schiebt Lindsey nun mit Gewalt von sich. »Was soll das?«, knurrt er.

Pete legt den Arm um mich und zieht mich an sich. »Also, wollen wir weitermachen, wo wir gestern so rüde unterbrochen wurden?« Er grinst, und sein Blick liegt nicht auf meinem Gesicht, dabei ist meine Bluse vernünftig zugeknöpft, sodass man nicht mehr sieht als eine Andeutung des Tals zwischen meinen Brüsten. Im ersten Moment bin ich erneut völlig überfahren. Pete hatte doch nie Interesse an mir! Was soll das jetzt? Erträgt es sein Ego nicht, wenn man ihn abblitzen lässt?

»Nein«, bringe ich endlich heraus und befreie mich vehement von ihm. »Ich gehe nach Hause.« Damit er nicht auf dumme Ideen kommt – oder weitere dumme Ideen –, beeile ich mich, aus dem Gemeinschaftsraum zu kommen.

»Abby!«, ruft Ethan mir nach, als ich bereits fast das Ende des Flurs erreicht habe. »Warte!«

Ich bleibe stehen und schlinge die Arme um mich.

»Es tut mir leid.« Er bleibt vor mir stehen und fährt sich durch den Schopf. »Damit habe ich nicht gerechnet.«

»Schwingen sich in England die Mädchen nicht auf deinen Schoß?«, frage ich herausfordernd, weil ich völlig durcheinander bin. Ich mag ihn. Ich möchte in seiner Nähe sein, aber das eben ... Das will ich nicht. Zusehen, wie eine andere ihn abknutscht, das brauche ich nicht. Und Sportler – besonders Footballspieler – sind heiß begehrt. Herrje, was will ich eigentlich?

Ethan schnauft, dann lacht er. Sein Kopfschütteln ist bereits Antwort genug, aber er versichert mir: »Nein! Das ist das erste Mal, dass ich mich vor einer Frau in

Acht nehmen muss, weil sie übergriffig ist!« Er fasst nach meinen Fingern und drückt sie. »Hey.« Er runzelt die Stirn. »Ich meine das ernst. Ich möchte dich küssen.« Er sieht mir mit einem Dackelblick in die Augen. »Ich möchte dich besser kennenlernen. Niemanden sonst.«

Das ist so süß, dass ich fast dahinschmelze. Das wäre aber nicht klug. Ich setze mich in Bewegung, und er folgt mir hinaus auf den Hof. Über uns funkeln die Sterne und es könnte so romantisch sein. Wenn meine Zweifel mich nicht zerfressen würden.

»Ich muss nach Hause«, erkläre ich dennoch. »Ich muss morgen arbeiten. Frühschicht.«

Sein Blick ist so intensiv, dass ich das Kinn senke. Wenn ich nicht aufpasse, reißt mich seine Leidenschaft noch mit, und ich will nichts überstürzen. Ich möchte mich nicht in eine Sache ziehen lassen, deren Ausmaß ich nicht abschätzen kann. Was erwartet mich? Welche Zukunft kann das hier haben? Ethan und ich, wo stehen wir in fünf Jahren? Macht er sich darüber Gedanken? Wohl nicht, wenn ich mir seine Worte richtig ins Gedächtnis zurückrufe. Er scheint kein Planer zu sein. Damit denkt er doch nicht weit genug in die Zukunft, um Fehlern frühzeitig aus dem Weg zu gehen.

»Ich küsse dich zu gern«, wispert er. »Das macht mir schon etwas Angst.« Er lacht und lehnt sich an mich. Er seufzt nahe an meinem Ohr. »Ich bin den ganzen Vormittag in der Uni und den ganzen Nachmittag beim Training. Annähernd jedes zweite Spiel ist ein Auswärtsspiel. Das bedeutet, dass wir ständig herumtingeln und kaum ein Wochenende zu Hause sein werden.« Ethan streichelt meinen Rücken. »Und du arbeitest viel. Da ist wirklich kaum Zeit für uns beide übrig, um sie gemeinsam zu verbringen.« Er seufzt und hebt mein Kinn an. »Aber mit etwas gutem Willen schaffen wir es, einander zu sehen.«

Das habe ich in meine Überlegungen gar nicht einbezogen, und es verwundert mich, dass er zumindest so weit denkt. Leider sind seine Worte ein weiterer Grund, warum das mit uns eine dumme Idee ist. Wir würden uns kaum sehen.

»Wir machen einfach das Beste aus der Zeit, die wir haben.« Er grinst und stupst meine Nase an.

Auswärtsspiele. Das verlangt Vertrauen, schließlich fahren sexy Cheerleader mit, die ihn sicherlich ebenso umgarnen werden wie Lindsey. Ich werfe ihm einen scheuen Blick zu. Er sieht einfach zu gut aus. Das volle Haar, die markanten Gesichtszüge, der sportliche Körper. Nicht nur Coop kann sich mit einem Sixpack brüsten.

»Alles in Ordnung?«, fragt er.

»Ich ...« Ich breche ab, nicht sicher, was ich will und ob ich es wage, mich auf die ungewisse Zukunft einzulassen. »Ich möchte aufrichtig sein«, beginne ich und muss lachen. »Ich *muss* aufrichtig sein, denn ich ertrage keine Unaufrichtigkeiten.« Ich sehe ihn an. »Ich bin mir nicht sicher, ob ich dich tatsächlich weiterhin treffen sollte.«

Er blinzelt, seine Lippen pressen sich zu einem schmalen Strich zusammen und er schüttelt den Kopf. »Moment.« Er fasst nach meinen Händen.

Ich atme tief ein. »Du bist Teil der Ravens. Lindsey ... Glaub mir, das wird dir jetzt häufiger passieren. Jemand wie du ist nicht mit jemandem wie mir zusammen.«

»Moment!«, bittet Ethan erneut und hebt die Hände. »Ich bin lediglich ein Rugby-Spieler im Ausland.«

Ich stoße den Atem aus. »Das sehe ich auch als ein Problem. Ich kann mir nicht vorstellen, dass du nicht zurückwillst. Auf lange Sicht. Wenn du dein Studium abgeschlossen hast und ...« Ich schüttele den Kopf. »Ich bin durcheinander«, gestehe ich. »Ich mag dich. Ich mag dich küssen. Ich fühle mich wohl in deiner Nähe. Aber ich bin mir nicht sicher, ob ich die Courage habe, mich auf dich einzulassen.«

»Mut?«, fragt Ethan hörbar irritiert. »Dazu braucht es Mut?«

Ich zucke die Achseln. »Ja. Den Mut, blind zu vertrauen. Den Mut, Gefühle zuzulassen, die einen in tiefe Abgründe reißen können.« Ich befeuchte mir die Lippen. »Meine Eltern haben sich getrennt, und meine Mutter ...« Meine Stimme bricht, und ich muss mich dazu durchringen, ihre Verfehlungen auszusprechen. »Sie hat meinen Vater betrogen und mich als Alibi benutzt. Das hat meinen Vater sehr verletzt. Er konnte uns jahrelang nicht um sich haben, weil es einfach zu schmerzlich war ...«

Ethan nickt zögerlich. »Ich bin treu«, versichert er. »Und ich weiß, wen ich will.« Sein Griff um meine Finger wird fester. »Können wir nicht ...«

»Nein«, unterbreche ich ihn hastig. »Das hat doch keinen Sinn.« Wieder räuspere ich mich und suche nach den Worten, die erklären, warum ich mich nicht einfach blind auf eine Beziehung einlassen kann. Aber wie klingen meine Zweifel wohl in seinen Ohren? Wenn ich darauf beharre, dass die Zukunft – eine, die vielleicht Jahre entfernt liegt – unsicher ist? Was ist auf lange Sicht schon sicher? Nur der Tod, oder? »Kannst du mich bitte nach Hause bringen?«, frage ich. »Ich bin zu durcheinander, um eine Entscheidung treffen zu können ...«

6

Ethan

Etwas knallt mir an den Kopf und reißt mich aus meinen Gedanken.

»Aua!« Ich trage zwar einen Helm, habe mir aber durch die Wucht des Aufpralls auf die Zunge gebissen.

»Sag mal, schläfst du, Engländer?«, brüllt Cooper quer über den Platz. »Fangen, nicht wegköpfen!«

»Ja, sorry«, lispele ich mit lädierter Zunge und hebe das Ei auf, das von meinem Helm abgeprallt ist und ein paar Meter entfernt auf dem Boden liegt.

Leroy kommt zu mir herübergejoggt und grinst mich durch sein Visier an. »Zu lange gefeiert gestern? Ihr wart plötzlich weg.«

Wieder steht mir Abbys Bild vor Augen, als sie sich von mir verabschiedet hat.

Das hat doch keinen Sinn.

Als hätte ich nicht genügend Schwierigkeiten damit, nicht an sie zu denken! Ihre weichen Lippen, ihren süßen Geschmack nach Curry, Cola und – ihr.

»Zurück auf die Positionen, Männer!«, brüllt Headcoach Gerber über den Platz. »I-Formation!«

Ich jogge an meinen Platz zwischen Cooper und Pete, dem Tailback. Wir bilden zusammen mit Will, dem Center, eine Linie. Er hat den Ball, Cooper brüllt die Kommandos, und schon erfolgt der Snap. Will wirft das Ei zwischen seinen Beinen hindurch nach hinten, Cooper greift es sich und rennt los. Ich sehe die Lücke zwischen Jackson, unserem Guard, und dem Tackle der gegnerischen Defense und laufe mich frei. Cooper passt zu mir, ich klemme mir das Ei unter den Arm, senke den Kopf und stürme voran. Ein Rempeln von der Seite, und ich fliege, überschlage mich einmal. Schon befinde ich mich unter einem Haufen Körper, die Luft wird mir aus der Lunge gepresst. Aber ich kenne das von früher, und da musste ich es sogar ohne Schutzkleidung aushalten. Dies hier ist kein Problem für mich. Ich umklammere den Ball mit aller Kraft, denn wenn ich ihn verliere und ein Gegner ihn erobert ... Aber das passiert mir nicht. Ich halte ihn bombensicher. Das erste Down ist beendet, das Gewicht hebt sich von mir und ich lege den Ball ab, komme auf die Füße und schaue, wie viel Raumgewinn ich erzielt habe: Vier Yards, immerhin! Obwohl ich so unkonzentriert bin. Sechs weitere sind nötig, um vier neue Versuche zu erhalten. Wir nehmen wieder Aufstellung.

Ich setze den Helm ab. So schlecht habe ich mich gar nicht geschlagen, finde ich, obwohl ich mich wie ausgekotzt fühle. Warum ist das gestern schiefgegangen? Ich hätte Abby so gern wiedergesehen.

»Go, Ravens!«, erklingt es schrill vom Seitenrand des Feldes. Wie immer haben mehrere Grüppchen von Studierenden beim Training zugesehen, das gewöhnlich nicht im Stadion, sondern auf dem Sportplatz des Campus stattfindet. Die meisten Zuschauer sitzen auf der einfachen Tribüne aus Steinbänken und quatschen. Eine schlanke Blondine in knappem Top und Hotpants hüpft allerdings auf und ab. Ihre Brüste hüpfen ebenfalls. Statt mit Pompons wedelt sie mit etwas, das wie ein großes Notizbuch aussieht.

Lindsey. Die hat mir noch gefehlt zu meinem Glück. Ich unterdrücke ein Augenrollen und will in die Kabine gehen, doch die Dame ist schnell. Schon springt sie mir in den Weg. »Hi, Ethan.« Sie lächelt zu mir auf. Hübsch ist sie ja, aber ich wünschte, es wäre Abby, die sich hier eingefunden hätte, um mich trainieren zu sehen.

Warum kann ich nicht aufhören, an sie zu denken? Sie will mich nicht, verdammt! Gibt Schlimmeres, oder?

Aber so hübsch Lindsey auch aussieht, so egal mir eine Zufallsbekanntschaft von vorgestern sein sollte – meine Gedanken lassen Abby einfach nicht los.

»Hey, Lin.« Pete kommt vom Platz geschlurft, Cooper wie immer im Schlepptau. »Was hängst du schon wieder auf dem Sportplatz ab?« Pete sieht seine Schwester streng an. »Hast du nicht was fürs Studium zu tun?«

»Hab ich doch.« Sie schwenkt das Notizbuch, das sich bei näherem Hinsehen als Skizzenblock entpuppt. »Hausaufgabe. Abbilden von Bewegung.« Sie klappt das Deckblatt zurück und hält ihrem Bruder die Bleistiftzeichnung hin, aber nur einen winzigen Moment lang, dann dreht sie den Block in meine Richtung.

Der Footballspieler, den sie mitten in der Bewegung eingefangen hat, den Ball unter dem Arm und im Sprint nach vorn, sieht verdammt nach mir aus. Wie ich das beurteilen kann, obwohl er in voller Montur abgebildet wurde? Nun, zum einen erkennt man doch wohl, wenn ein Bild einen selbst darstellt. Zum anderen steht meine Nummer auf seinem Ärmel. Zum Teufel! Diese Frau hat es wohl wirklich auf mich abgesehen. Dabei bin ich schon wochenlang der Teamkollege ihres Bruders, und bisher hat sie sich noch nie für mich interessiert.

Was hat Abby über Lindsey gesagt? Dass sie ihr das Stipendium weggeschnappt hat und sich dennoch gehässig ihr gegenüber benimmt? Dann ist sie sicherlich gar nicht wirklich an mir interessiert. Ich beiße die Zähne zusammen, um die aufsteigende Wut zu unterdrücken. Selbst wenn meinerseits auch nur das geringste Interesse an ihr bestünde, hätte sie sich allein mit ihrem gemeinen Verhalten disqualifiziert. Wie kann irgendwer der süßen, liebenswerten Abby wehtun?

Und wieso kann ich sie nicht vergessen, wenn sie mich nun mal nicht will? Verdammt!

Lindsey tippt mit einem perfekt manikürten Finger auf ihre Zeichnung. »Und? Wie findest du ihn?«

Ich bin ein höflicher Mensch. Ja, das bin ich wirklich. Dass wir Engländer dafür bekannt sind, hat einen wahren Hintergrund, auch wenn es natürlich auch in Großbritannien unhöfliche Arschlöcher gibt. So eins will ich nicht sein, also kratze ich alle Selbstbeherrschung zusammen, die ich finden kann, und betrachte das Bild eingehend.

Teufel, die Frau ist talentiert. Auch das hat Abby ja schon gesagt. In ihr steckt nicht mal genug Bosheit, um ihre Feindin schlechtzureden.

Ich lüge nicht.

Tja. Abby tut gut daran, mir aus dem Weg zu gehen. Abgesehen von allem, was ich verheimliche: Ich würde kein gutes Haar an Pete lassen. Obwohl er ein großartiger Tailback ist, würde ich ihn in die Pfanne hauen, ohne mit der Wimper zu zucken. Erst recht einer Person gegenüber, an der ich interessiert bin.

Nur dass sie ja gar nicht an mir interessiert ist. Verdammt! Ich starre auf die Zeichnung hinab und seufze abgrundtief.

»Gefällt er dir nicht?«, fragt Lindsey, und aus ihrer Stimme klingt echte Enttäuschung, nicht bloß Ärger, dass ich nicht wie gewünscht reagiere. Sie scheint ihre Kunst zu lieben, was sie fast schon wieder sympathisch macht. Ich sehe ihr in die Augen und erkenne Schmerz. Dabei hat meine Reaktion ja gar nichts mit der Zeichnung zu tun!

»Sieht toll aus«, beeile ich mich zu versichern. »Wirklich sehr realistisch. Du hast Talent.«

Bevor sich ein selbstgefälliges Grinsen auf ihr Gesicht legt, sehe ich den Anflug echter Erleichterung. Was hat Lindsey durchgemacht, dass sie sich so verstellen muss und so sehr nach Zuspruch und Lob dürstet?

»Ich weiß«, sagt sie und richtet sich noch etwas gerader auf. »Deshalb hab *ich* ja auch das Stipendium bekommen.«

Und schon ist jede Spur der Sympathie für sie wieder verschwunden. »Das ist sicher nicht allein aufgrund von Talent entschieden worden«, stelle ich fest und klinge dabei vielleicht ein wenig zu bissig.

Sie zuckt die Schultern. »Vielleicht nicht, aber das Ergebnis zählt. Ich habe die Chance, mich noch weiter zu verbessern und irgendwann einen guten Job zu bekommen.«

Sie schaut mich erwartungsvoll an, doch ich frage nicht, in welchem Zweig sie einmal arbeiten möchte. Es interessiert mich schlicht nicht. »Hör mal, ich muss wirklich rein.« Ich deute auf die Tür zur Umkleide, obwohl noch längst nicht alle Spieler darin verschwunden sind. Einige stehen noch herum und quatschen.

»Trinken wir nachher einen Kaffee zusammen?« Lindsey strahlt mich an. »Im Coffee&Dreams? Danach könnten wir nach oben ge–«

»Du lädst niemanden in unsere Wohnung ein, verstanden?«, keift Pete, der offenbar genau im Blick hat, was seine jüngere Schwester so treibt. Das macht *ihn* nun fast sympathisch. »Schon gar nicht den Insel-Affen, der meint, mit seinen Rowdy-Künsten unsere Sportart unterwandern zu können.«

O ja. Sehr sympathisch. Nicht. Nicht mal fast.

»Es heißt Rugby, nicht Rowdy, Brüderchen.« Lindsey reißt das Blatt von ihrem Block und hält es mir hin. »Hier, für dich.«

Ich starre darauf. »Ich dachte, das wäre deine Hausarbeit.«

»Ist es. Aber ich kann es ja noch mal neu zeichnen.« Sie lehnt sich dichter zu mir und raunt: »Schließlich geht mir das Modell eh nicht mehr aus dem Sinn.«

Ich trete einen Schritt zurück. »Das kann ich nicht annehmen. Gib es bei deinem Professor ab, wie du es vorhattest.«

Lindsey zieht einen Schmollmund. »Aber ich muss dir doch etwas schenken, damit du dich mit einem Kaffee bedanken kannst. Das macht man doch so, oder? Ein

Heißgetränk als Dank für eine gute Tat ...« Sie zwinkert mir zu.

Mein Blick fliegt zu Pete. Er zieht einen Mundwinkel hoch. Er hat offenbar ausgeplaudert, was vorgestern in der Kabine passiert ist. Dieser Arsch!

»Ich date nicht«, sage ich fest.

Lindsey runzelt die Stirn. »Gestern hast du gedatet.«

Ja, und Abby würde ich jederzeit wieder daten. Aber sonst niemanden.

»Lass gut sein, Lin«, sagt Pete. »Vielleicht ist er schwul und geht nur mit dem langweiligen Blümchen Rühr-michnichtan aus dem Kaffeeladen aus, um ein Alibi zu haben. Nicht alle wollen uns die Vorlieben ihres Schwanzes so unter die Nase reiben wie unser Cooper hier.« Er schlägt besagtem Kollegen hart auf die Schulter und lacht meckernd.

Mein Blick fliegt zu Cooper. Seine Lippen sind zu einem Strich zusammengepresst und er sieht verletzt aus. Ich habe Mitleid mit ihm. Er macht tatsächlich keinen Hehl aus seiner Homosexualität und kann auch mit dummen Sprüchen umgehen, das habe ich in den letzten Wochen schon gemerkt, aber da Cooper Pete – warum auch immer – anhimmelt, tut ihm so eine Bemerkung jetzt sicherlich weh.

Dann erst wird mir bewusst, dass Pete Abby genauso beleidigt hat, und die Wut kocht in mir hoch. »Nur weil sich eine Frau von dir nicht angrabschen lassen will, ist sie noch kein ...«

»Keine frigide Langweilerin?«, fällt mir Pete ins Wort. »Na, mich zu verschmähen ist schon ein deutliches Zeichen. Lin, ab nach Hause! Jungs, duschen. Ihr stinkt.« Er

wendet sich ab und stolziert auf die Tür zur Umkleide
zu.

Cooper beeilt sich, ihm hinterherzulaufen. Der Mann
steht wohl auf Schmerzen. Ich dagegen nicht. Ich dusche lieber im Wohnheim. »Bye, Lindsey.«

»Hey, was ist mit unserem Date?«, ruft sie mir nach.

»Es gibt kein Date«, antworte ich, ohne mich umzudrehen, und beschleunige meine Schritte. Zum Glück
besitzt sie nicht auch noch die Dreistigkeit, mir zu folgen.

Es klopft an der Tür, und ich klappe das Lehrbuch zu.
»Ja?«

»Ich bins.« Leroy.

»Komm rein.«

Mein Mannschaftskamerad tritt ein und schließt die
Tür hinter sich. »Du warst gar nicht in der Kabine. Hast
was verpasst.«

»Echt?« Ich räume den Schreibtischstuhl für Leroy
und lasse mich auf mein schmales Bett fallen.

Er setzt sich und streckt seine langen Beine aus. »Jep.
Cooper war wegen eines Spruchs, den Pete wohl gemacht hat, nicht amüsiert. Gab ein bisschen Ärger unter der Dusche.«

»Ärger. Während beide nackt waren.«

»Jep. Cooper hat gesagt, dass Pete nicht mit anderen
über sein bestes Stück zu reden hat, und Pete hat ge-
lacht und gesagt, dass Cooper sicher nichts dagegen
hat, wenn ein Mann seinen Schwanz *in den Mund
nimmt*, und dann hat Cooper –«

Ich reiße abwehrend die Hände hoch. »O bitte, keine
Details. Gab es Verletzte?«

»Nicht körperlich. Aber *dass* Cooper verletzt war, schien mir eindeutig.«

»Mann, was stimmt nicht mit Pete?«

Leroy zuckt die Schultern. »Er ist ein Arsch. Seine Schwester ist ganz süß, aber er …«

»Süß? Lindsey? Nur wenns ums Aussehen geht. Und über die Optik kann man bei Pete nun auch nicht meckern.« Ich lasse mich nach hinten überkippen und starre an die Decke. »Die beiden will man nicht zum Feind haben. Wenn ich es mir richtig überlege, auch nicht zum Freund.«

»Sie sollen eine schwere Kindheit gehabt haben.«

Ich richte mich auf und sehe Leroy an. »Ist das eine Entschuldigung? Ich kenne einen Haufen Leute mit schwerer Kindheit, die sich nicht wie Arschlöcher benehmen.«

Er zieht einen Mundwinkel hoch. »Mich zum Beispiel.«

»Ja, dich zum Beispiel.«

»Wie war deine Kindheit?«

Die Frage trifft mich unvorbereitet. Ein Stich der Sehnsucht nach meinen Eltern und Joey fährt mir in den Leib. »Schön«, murmele ich. Dann blitzt Brandons Gesicht vor meinem inneren Auge auf, und ich schüttele schnell den Kopf, um es zu vertreiben. Ich räuspere mich. »Was hast du heute noch vor? Triffst du dich mit Keisha?«

Leroys Miene wird weich. »Nein, sie muss arbeiten. Wir sehen uns erst übermorgen.« Er zieht die Augenbrauen hoch. »Und wann siehst du deine Süße wieder?«

»Meine – Süße?«

»Ja, Marilyn.« Er zwinkert mir zu.

»Abigail.« Ich seufze. »Sie hat kein Interesse.«

»Nanu? Das sah gestern anders aus.«

»Ich weiß. Ich dachte auch, dass ... Aber wir haben geredet, und dann ...«

»... hast du's versaut.«

Ich stehe auf, trete ans Fenster und schaue auf den Hof des Wohnheims hinaus. »Keine Ahnung, wie ich das angestellt habe, aber – ja. Das hab ich wohl.«

»Hör mal.« Der Schreibtischstuhl quietscht, und dann steht Leroy neben mir und legt mir den Arm um die Schultern. »Ich bin vielleicht kein Experte, schließlich bin ich schon seit fünf Jahren mit meiner ersten Liebe zusammen, aber die Lady hatte definitiv Interesse. Falls du was Falsches gesagt hast, lässt sich das doch geradebiegen.«

Ich drehe den Kopf, um meinen Teamkollegen anzublicken. »Ich bin nicht mal sicher, wo genau ihr Problem liegt.«

Er lässt mich los und schlägt mir sacht gegen den Hinterkopf. »Dann redet darüber! Los doch, ab mit dir ins Café.«

Mein Herzschlag beschleunigt sich. Die Vorstellung, Abby gleich wiederzusehen, ist aufregend und beängstigend. »Was, wenn sie keinen Dienst hat?«

»Dann wird ihr Chef dir sicher sagen können, wo du sie findest.«

»Aber ...«

»Schluss mit Aber, Mann!« Leroys dunkle Augen funkeln. »Wir zwei gehen jetzt einen Kaffee trinken. Ich hab eh nichts Besseres vor.«

Eine halbe Stunde später kommen wir am Coffee&Dreams an. Meine Handflächen sind feucht und ich reibe sie an meiner Hose ab.

»Was, wenn Lindsey da ist und mir wieder dazwischenfunkt?«

»Die lenke ich schon ab, keine Sorge.«

»An dir ist sie aber nicht interessiert. Niemand ist an dir interessiert. Sie haben alle Angst vor Keisha.«

Leroy grinst. »Tja, nicht verkehrt, eine Kickboxerin zur Frau zu haben. Natürlich nur, wenn man nicht vorhat, Blödsinn zu machen, und das würde ich nie tun.« Er öffnet die Tür und schiebt mich hindurch. »Aber reden darf ich mit jeder, so wie Keisha auch mit jedem reden darf«, raunt er mir zu. »Und wenn irgendwer euch zwei stört, quatsche ich ihm oder ihr ’ne Blase ans Ohr.«

»Danke, Mann.« Ich straffe die Schultern und traue mich, zum Tresen zu sehen.

Dominic, Abbys Chef. Mein Herz wird augenblicklich schwer. Er sieht mir entgegen und zieht eine Augenbraue hoch. Bevor ich ein Wort herausbringen kann, sagt er: »Na endlich! Sie ist unerträglich heute.« Er wendet sich der Tür zum Hinterzimmer zu. »Abs, ich schick dir jemanden rein. Falls du nicht angezogen bist, umso besser.« Er sieht mich an und nickt in die Richtung. »Pausenraum.«

»Aber ich kann doch nicht einfach ...«

»Jaja, schon gut.« Er verdreht die Augen. »Ein Gentleman. Meinetwegen. Warte kurz, ich checke die Lage.« Er verschwindet, und Wortfetzen in zwei Stimmlagen dringen zu mir heraus. Dann kommt Dominic zurück. »Die Audienz ist gewährt.«

Zögernd gehe ich hinter den Tresen und durch die Tür. Pausenraum ist übertrieben: ein paar metallene Spinde, ein Tisch, drei Stühle, viele Kisten und Pappkartons.

Abby sitzt auf einem Stuhl, hat die bestrumpften Füße auf einen zweiten gelegt und sieht mir entgegen. Ich kann ihre Miene nicht deuten. Immerhin sieht sie nicht aus, als würde sie mich hochkant rauswerfen wollen.

»Hi«, sage ich und wische mir erneut die Hände ab.

»Hi.« Einer ihrer Mundwinkel wandert nach oben. Sie deutet auf den dritten Stuhl. Ich nehme eine Kiste Kaffeebohnen herunter und setze mich. »Was tust du hier?«

»Ich wollte dich sehen. Noch einmal mit dir reden. Das gestern ...«

»Was davon?« Nun liegt Neugier in ihrem Blick. Vielleicht ist das aber auch nur Wunschdenken.

»A-alles«, stottere ich. »Ich meine, es fing doch ... gut an, oder?« Ich vergrabe die Hände in meinen Haaren. »Aber dann ...« *Das hat doch keinen Sinn.* Ich schüttele den Kopf, um ihre Worte zu verdrängen. »Plötzlich hast du alles infrage gestellt. Du bist gedanklich Jahre in die Zukunft gesprungen, hast mir Dinge unterstellt ...«

»Das war nicht meine Absicht«, fällt sie mir ins Wort und sieht geradezu erschrocken aus. »Ich habe doch nur ... Angst.«

»Das verstehe ich.« Ich bemühe mich, meine Stimme sanft klingen zu lassen. »Du hast deine Gründe. Die Sache mit deinen Eltern ... Ich verstehe das alles. Wirklich. Aber es ist nicht fair, dass du etwas, das schön sein könnte, von vornherein abbrichst. Für dein Studium kämpfst du doch auch.« Ich beschreibe mit der Hand einen Kreis in der Luft, der das Café und damit ihre anstrengende Berufstätigkeit andeuten soll. »Du bist doch niemand, der sich den leichten Weg aussucht. Wieso bist du für eine Beziehung nicht bereit, dich genauso sehr anzustrengen?«

»Das ist etwas anderes«, behauptet Abby. »Was meine Arbeit und mein Studium angeht, bin ich nur auf mich angewiesen. Eine Beziehung ... dazu gehören zwei.«

»Zu Freundschaften auch«, argumentiere ich.

Sie zieht einen Mundwinkel hoch. »Nun, Freunde habe ich auch nicht gerade viele. Ich habe meine Schwester als Freundin betrachtet, und sieh dir an, wie die mich hat auflaufen lassen mit der Torten-Sache.«

»Habt ihr euch inzwischen ausgesprochen?«

Abby schüttelt den Kopf, ihre Miene wird abweisend. »Ich brauche Zeit, um damit klarzukommen.«

Okay, der Themenwechsel war nun unglücklich. Wie kriege ich das wieder hin?

»Ich verlange ja gar nicht, dass du mir dein uneingeschränktes Vertrauen schenkst. Aber gib mir doch bitte die Chance, mich zu beweisen. Ich bin ein guter Kerl, wirklich!«

Sie kichert und schüttelt den Kopf. »Das ...«

»... behaupten sie alle, ich weiß.« Auch ich muss grinsen. »Dennoch: Wenn du die Möglichkeit wegwirfst, es herauszufinden, wirst du dich dann nicht ewig fragen, was hätte sein können?« Meine Güte, ich klinge regelrecht verzweifelt! Aber es erscheint mir unglaublich wichtig, sie zu überzeugen. Was hat diese Frau mit mir gemacht?

Abby betrachtet mich noch einen Moment schweigend, dann nimmt sie ächzend die Füße vom Stuhl und schlüpft in ihre Turnschuhe. Sie steht auf, und ich tue es ihr nach. Sie tritt dicht vor mich. »In Ordnung. Versuchen wir es.« Sie lächelt zu mir auf, und mein Herz macht einen Satz.

»Mit einem Date? Also einem richtigen? Ohne die Jungs und ...« Ich unterbreche mich, aber sie weiß genau, was ich sagen wollte.

»Lindsey?«

»Ja.«

»Ich gehe jede Wette ein, dass sie da draußen ist.« Sie zeigt auf den Verkaufsraum.

»Wie kommst du darauf?«

Abby deutet zur Decke. »Sie wohnt hier oben. Von ihrem Fenster aus kann sie die Straße sehen. Und sie hat Intuition. Vermutlich lauert sie, um zu sehen, wer hier ein und aus geht, um dann zuschnappen zu können wie die Schlange, die sie ist.«

»Oh, und ich dachte schon, du könntest kein böses Wort über sie verlieren.«

Ihre Miene wird ernst. »Wenn etwas die Wahrheit ist, kann ich es sagen. Ich kann nur nicht lügen. Lindsey ist talentiert und bildschön, aber das war es dann auch schon mit den guten Eigenschaften.«

Ich lüge nicht.

Es ist an der Zeit, dass auch ich lerne, nicht zu lügen und nichts zu verschweigen. Nun, jedenfalls in den Grenzen, die mir leider auferlegt sind. Ich atme tief durch. »Ich will ehrlich zu dir sein. Sie hat mich nach einem Date gefragt.«

Abbys Augenbrauen schnellen hoch.

»Ich habe ihr geantwortet, dass ich nicht date.«

»Das war gelogen.«

»Nicht zu der Zeit. Heute Mittag dachte ich schließlich noch, dass du … Und eine andere würde ich sowieso nicht …« Himmel, bekomme ich denn in ihrer Gegenwart keinen klaren Satz heraus?

Ihr Gesicht entspannt sich, und sie lächelt mich an. »Ich freue mich auf unsere Verabredung.«

»Ich mich auch.«

Unsere Blicke verhaken sich. Sie streckt sich hoch und öffnet leicht die Lippen. Ich neige den Kopf zu ihr hinunter. Unsere Münder sind nur Zentimeter voneinander entfernt.

»Darf ich?«, frage ich leise.

»Ja«, haucht sie, und mehr brauche ich nicht. Ich lege meine Hände leicht an ihre Taille, senke meinen Mund auf ihren, und die Welt um uns verschwimmt. Ich kann nur noch fühlen, Abby schmecken, Kaffee und Karamell, Wärme und Wohligkeit. Sie umfasst mich und streichelt meinen Rücken, meine Zunge schiebt sich tiefer in ihren Mund, umkreist ihre, und mein Inneres fühlt sich an, als würde es sich auflösen.

Viel zu schnell muss ich sie loslassen. Wir können schließlich nicht ewig hier im Hinterzimmer bleiben. Aber wir haben ein Date. Ein Date-Date. Ich könnte die ganze Welt umarmen!

Das Hochgefühl lässt nach, sobald wir nach vorn kommen und ich sehe, wie sich Leroy an einem der Tische redlich bemüht, Lindsey zu beschäftigen. Er sieht schon leicht verzweifelt aus.

»Ich muss dann auch«, verkündet er und springt auf. »Bye, Lindsey.« Er hetzt zur Tür. »Los, komm«, zischt er mir zu.

Doch es ist zu spät. Lindsey bemerkt mich und ist mit zwei Sätzen bei mir. »Ethan! Da bist du ja!« Sie rückt mir viel zu dicht auf die Pelle.

Ich weiche zurück, sehe hilfesuchend zu Abby, die hinter dem Tresen geblieben ist, und begegne ihrem Blick. Sie lächelt, aber ich erkenne wieder die Zweifel, die ich doch gerade erst vertrieben hatte. Jetzt muss ich beweisen, dass sie mir vertrauen kann.

»Du hast vorhin was vergessen.« Lindsey klimpert mit den Wimpern und hält mir ihre Zeichnung hin.

»Ich habe dir gesagt, dass ich sie nicht will«, sage ich barsch. Mit der Höflichkeit ist es jetzt vorbei.

Ihre Augen glitzern gefährlich, dann wendet sie sich von mir ab und dem Tresen zu. »Sieh mal, Abby«, flötet sie. »Das habe ich vorhin angefertigt.«

Leroy tritt neben mich, doch ich kann nur in Abbys Gesicht starren. Sie runzelt die Stirn, als sie auf das Bild hinabschaut, dann sieht sie zu mir. Fragend.

»Es ist … ihre Hausarbeit«, erkläre ich lahm.

»Ja, Abby. Auf der Kunsthochschule bekommt man Hausaufgaben. Aber das kannst du ja nicht wissen.« Lindsey lächelt süß und eine Spur mitleidig. »Und wir lernen dort, solche Zeichnungen anzufertigen. Habe ich Ethan nicht gut getroffen? Er ist aber auch ein perfektes Modell.«

Leroy drängt sich zwischen uns. »Zeig mal.« Er nimmt ihr das Bild aus der Hand. »Na, gemodelt hat er dafür aber nicht gerade.« Er zeigt Abby die Zeichnung. »Er spielt hier gerade einen Dive. Das hat er vorhin im Training die ganze Zeit gemacht.«

»Du hast recht, Leroy. Für *dieses* Bild hat er nicht gemodelt ...« Sie wackelt mit den Augenbrauen.

»Lindsey, es reicht«, zische ich, um nicht die anderen Gäste mit unseren Schwierigkeiten zu stören. Aber *dass* ich jetzt was sagen muss, ist ja wohl klar! »Ich habe nie für dich Modell gestanden und werde es auch nie. Die einzige Frau, von der ich gezeichnet werden will, ist Abby.« Ich sehe Abby an. »Sie lügt. Bitte glaub mir.«

Abby zieht die Unterlippe zwischen die Zähne. Sie sieht alles andere als überzeugt aus. Verflucht noch mal!

Leroy neben mir lacht auf. »Unsere Lindsey. Dieselbe kleine Giftspritze wie immer.«

»Halt die Backen, Pantoffelheld«, faucht die Blondine.

Mein Freund lässt das Blatt mit der Zeichnung scheinbar versehentlich fallen und tritt anschließend mit seinem riesigen Sneaker drauf. »Ups.« Beim Aufheben wird es *rein zufällig* zerknüllt und erleidet einige Risse. Ich muss mir ein Lachen verbeißen. »Oh, sorry.« Er hält ihr das verknitterte Ding hin.

»Hey, das war meine Hausarbeit, Arschloch!«

»Wenn das für die Uni war, warum trägst du es dann spazieren und setzt es allen möglichen Gefahren aus, hm?« Leroy grinst breit, dann wird er ernst. »Du suchst dir besser ein anderes Motiv, Lady. Der Mann ist eindeutig vergeben.«

Ich sehe Abby in die Augen. »Ja, das ist er«, sage ich leise, und das Lächeln, das daraufhin ihr Gesicht erhellt, bringt mein Herz zum Überquellen.

7

Abigail

»Hey!« Ich winke Ethan zu. Obwohl das Burger Haven gut besucht ist, fällt es mir nicht schwer, ihn auszumachen. Ich lasse mich von ihm umarmen und setze mich dann auf die Bank. »Entschuldige, ich bin spät dran.«

»Ich hätte dich auch abgeholt.« Er nimmt wieder auf seiner Bank mir gegenüber Platz und strahlt mich an.

»Ach nein.« Ich schlüpfe aus meiner Jacke und lege sie hinter mir ab. »Wie war die Fahrt? Ich hasse es, stundenlang sitzen bleiben zu müssen.«

Ethan zuckt die Achseln. »Ja, leicht ist das nicht, aber mit den Jungs vergehen auch die fünf Stunden von San Louis Obispo nach Sacramento wie im Flug.«

Das ist etwas, das ich nicht nachempfinden kann. Zwar war ich im Leichtathletik-Klub meiner Highschool, aber ich habe es nie in die nationalen Ausscheidungen geschafft und war damit auch nie mit anderen Athleten unterwegs. »Erzähl, wie war das Spiel?«

Seine Braue schießt nach oben. »Das interessiert dich?«

»*Go, Ravens, go*?«, biete ich als Antwort an und kichere. »Ihr habt gewonnen.«

»Haben wir«, erwidert er stolz und feixt. »Ich wünschte, du hättest uns gesehen.«

»Habe ich.« Ich zwinkere ihm zu. »Jedes Spiel wird live im Café ausgestrahlt. Dom ist ein Riesenfan von euch.«

»Oh, deswegen die Unterstützung? Ich habe mich schon gewundert, dass mich dein Chef gleich in den Personalraum durchwinkt.«

»Dom ist der Meinung, dass junge Menschen ein Liebesleben haben sollten, von dem sie ihren Kindern und Enkelkindern eines Tages berichten können.« Ich ziehe die Nase kraus. »Ich wäre allerdings traumatisiert, wenn meine Eltern damit anfangen würden.«

Ethan lacht und fasst nach meinen Fingern, die auf dem Tisch liegen. »Ja. Ich weiß noch, wie schockiert ich war, als ich erfahren habe, wie mein Bruder entstanden ist.« Er prustet. »Meine Mutter musste mich hochschwanger aus der Schule abholen, weil ich lautstark darauf beharrt habe, dass meine Lehrerin lügt.«

»So, ihr Süßen, was darf es für euch sein?«, fragt die Bedienung und lenkt mich von Ethan ab.

»Was möchtest du trinken?«, fragt Ethan und schiebt mir hastig die Karte zu. »Ich bekomme bitte ein Ginger Ale.«

Die Kellnerin notiert sich seinen Wunsch und schaut mich dann fragend an.

»Ich auch.« Dabei blättere ich durch die Karte. »Und das Tagesgericht.«

»Den Double Beef Jalapeño oder den Chicken Avocado?«

»Den Chicken Avocado, bitte.«

»Den nehme ich auch.« Ethan grinst mich an. »Du magst Avocado?«

Ich zucke die Achseln. »Ja. Du offenbar auch.«

»Ich liebe Avocado.« Er zwinkert. »Was hast du am Wochenende gemacht?«

»Gearbeitet.« Ich seufze. »Ich habe zu wenig Zeit, um meine künstlerischen Fertigkeiten zu verbessern. Ich will mich im nächsten Sommersemester erneut um ein Stipendium bemühen und brauche dafür eine neue Mappe.«

Ethan sieht mich an. In seiner Miene ist nicht abzulesen, was er denkt.

»Du weißt nicht, wovon ich spreche?«, mutmaße ich, und er gibt dies zerknirscht zu. Immerhin haben wir damit ein Gesprächsthema, das mich nicht wieder loslässt. Selbst als wir das Lokal verlassen und ich in seinen Wagen steige, spreche ich noch über meine Ideen, wie ich das Komitee mit innovativer Kunst überzeugen will.

Als wir vor meinem Wohnhaus halten, stocke ich und bin plötzlich wieder nervös. »Entschuldige. Jetzt habe ich pausenlos gequatscht. Ich hoffe, ich habe dich nicht zu sehr gelangweilt.«

»Ich muss gestehen, dass ich mir unter vielem nichts vorstellen konnte, aber ich freue mich bereits darauf, deine Kunstwerke anzusehen.«

Ich strecke die Finger aus und lege sie auf seine Hand, die auf seinem Schenkel ruht. »Ich bin noch in der theoretischen Phase, aber ich habe mein Portfolio von diesem Jahr oben. Möchtest du mit hochkommen und dir meine Sammlung anschauen?«

Er grinst. »Klar.«

Mein Ein-Zimmer-Apartment liegt unterm Dach in einem vierstöckigen Gebäude im Stil des amerikanischen Klassizismus. Ich bin deutlich mehr außer Atem als Ethan und bekomme deswegen kein Wort über die Lippen, nachdem ich die Tür geöffnet habe.

Er sieht sich neugierig um. Überall liegen Sachen herum. Mein Arbeitstisch unter dem großen Dachfenster quillt sowieso ständig über vor Farbtuben, Stiften und Dekomaterial für Claires Aufträge, aber der Rest der Wohnung sieht nicht besser aus.

»Ich hätte aufräumen sollen«, murmele ich und schiebe hastig Wäsche unter das Bett. »Das war wohl kurzsichtig von mir.« Aber ich habe auch nicht geplant, Ethan mit nach Hause zu nehmen. Ich werfe ihm einen vorsichtigen Blick zu. Was hält er wohl von mir, dass ich ihn schon bei unserem ersten richtigen Date und unserem zweiten Treffen überhaupt – ich zähle unser Kennenlernen nicht, weil es irgendwie eben nicht zählt – mit in meine Wohnung nehme? Oder ist das für ihn absolut normal? Er wirkt nicht überrascht und auch nicht unsicher. Ist das Großbritannien, wo es tabulos zugeht?

Ethan zuckt die Achseln und bleibt vor mir stehen. Er berührt meine Wange, streichelt sacht an ihr entlang, bis sein Zeigefinger meinen Mundwinkel erreicht. »Das stört mich nicht.«

»Ich mag es gar nicht chaotisch, aber hier überfordert mich das Ordnunghalten manchmal.«

Sein Lächeln wird inniger und er beugt sich vor, um mich sanft zu küssen. »Nichts ist jemals wirklich schwarz oder weiß, oder? Selbst der strukturierteste Mensch ist hin und wieder chaotisch.«

»Vermutlich«, wispere ich und schlinge ihm die Arme um den Hals. Wohlige Wärme hüllt mich ein, da er seine Hände in meinen Rücken legt und seinen vorherigen Kuss nun vertieft. Ich dränge mich an ihn. Meine Zweifel geistern in meinem Kopf herum. Ich überstürze es hier. Wir haben uns zweimal gesehen, und das gerade geht deutlich weiter, als ich es sonst nach dem fünften Date wage. Aber gewöhnlich bin ich auch skeptischer, höre auf meine Zweifel und fege sie nicht davon, weil man mich küsst. Aber mit Ethan ist alles anders. Ich spüre eine Verbindung zu ihm und bin mir fast sicher, dass er der Richtige ist.

»Hast du mich etwa unter dem Vorwand, deine Sammlung anschauen zu dürfen, in deine Wohnung gelockt?«, raunt er nach einigen innigen Küssen und lehnt sich zurück, damit er mir in die Augen sehen kann.

Ich kichere und nicke. »Natürlich.«

»Hm, dann stört es dich nicht, wenn ich dich einfach weiterküsse?«

»Vermutlich nicht.« Ich strecke mich, um ihn meinerseits zu küssen. »Ich stehe schon den ganzen Tag«, wispere ich dabei. »Und hätte nichts dagegen ...«

Ethan schiebt mich rückwärts. Mein Zimmer ist nicht so groß, dass man mehr als zwei Schritte in irgendeine Richtung machen kann, daher stoße ich auch direkt gegen mein Bett. »Sicher?«, fragt er.

»Dass ich mich hinlegen will? Ja.« Ich setze mich und streife die Schuhe ab, bevor ich tiefer in mein Bett rutsche.

Ethan legt sich zu mir und stützt den Kopf auf der Handfläche ab. »Bequemer?«

»Ja.« Ich ziehe ihn zu mir. »Wo sind wir stehen geblieben?«

Er lacht und beugt sich vor. Sein Kuss ist nicht mehr so sanft wie zuvor, sondern deutlich leidenschaftlicher. Seine Hand wandert über meine Seite und stoppt kurz auf Höhe meiner Brust. »Darf ich dich ausziehen?«, wispert er. »Ich möchte dich spüren.«

Ich nicke und raffe sein Shirt am Rücken. »Ich dich auch.« Ich ziehe ihm das Shirt über den Kopf, während er damit beschäftigt ist, die Knöpfe meiner Bluse zu öffnen. Er unterbricht sich kurz und beugt sich vor, um seine Lippen auf meinen Hals zu pressen. Er drückt einen Kuss auf mein Brustbein und muss dann etwas herunterrutschen, um seinen Mund als Nächstes auf meine linke Brust zu legen, die noch immer in meinem Büstenhalter steckt. Endlich hat er die Knöpfe geöffnet und schiebt die Ärmel über meine Arme. Er sieht zu mir auf. Das Grün tanzt in seinen Augen und ich kann nicht anders, ich muss grinsen. Ich streife die Bluse ab und fasse in meinen Rücken, um den BH zu öffnen.

»W-warte«, murmelt Ethan und läuft rot an. »Ich dachte, wir knutschen rum und ...«

»Oh. Ich dachte, ihr Europäer seid da progressiver.«
Er blinzelt. »Wie bitte?«

»Das Land der freien Liebe, nicht wahr?«
Ethan prustet und schüttelt den Kopf. »Auf dem Kontinent vielleicht.«

»Oh.« Meine Wangen glühen, und ich schäme mich ein wenig. »Wir können auch nur küssen.« Jetzt klinge ich, als wolle ich unbedingt mit ihm schlafen. Verzweifelt. Ich schaue zur Seite und fasse nach meiner Bluse. »Entschuldige, ich wollte ...«

»Hey«, wispert Ethan und sucht meinen Blick. »Es ist ja nicht so, dass ich nicht möchte.« Er legt die Hand an meine Wange und streichelt mich sanft. Ich schließe die Augen und lasse mich küssen. »Eigentlich möchte ich ganz sicher.«

»Aber?«, frage ich und öffne die Augen. Er ist mir so nah, dass ich Sommersprossen auf seiner Nase ausmachen kann.

»Du sollst nicht das Gefühl haben, das jetzt tun zu müssen. Ich kann warten.« Er verzieht die Miene. »Ich will nicht behaupten, dass mir das leichtfiele, aber ich kann wirklich warten.«

Mein Herz schmilzt. Er ist so süß, wie er mich mit diesem Blick anschaut, der um Vertrauen bittet. Ich beuge mich vor, um ihn zu küssen.

»Vielleicht ist es ein Fehler«, wispere ich an seinem Mund. »Aber ich möchte nach meinem Gefühl gehen, und das sagt mir, dass es richtig ist, hier mit dir zu sein.« Ich lege ihm die Finger auf die Brust und lasse sie langsam abwärts wandern. »Dich zu berühren, dich zu küssen ...«

Ethan drückt mich fest an sich. Sein Atem kitzelt meine Lippen, und ich spüre, wie sein Herz unter meinen Fingern pocht. »Du kannst mir vertrauen«, flüstert er. Da ist ein Unterton, ein sachtes Zittern in seiner Stimme, aber ich ignoriere es. Ich möchte nicht, dass irgendetwas diesen Moment zerstört, schon gar nicht meine Sorgen und Ängste. »Das hier ist kein Fehler.«

Er öffnet meinen Büstenhalter und schiebt ihn mir über die Schultern. Er fällt zwischen uns und ich werfe ihn achtlos vom Bett. Dann hebe ich die Hände an Ethans Gesicht und schaue ihm fest in die Augen. Das ist ein besonderer Moment. Irgendwie habe ich das Gefühl, jeden Augenblick in mich aufnehmen zu müssen. Dies ist der Anfang der Zukunft. Der Anfang von Ethan und Abigail. Ich grinse und strecke mich, damit ich ihn küssen kann.

Ethan drückt mich sacht auf die Matratze hinab und legt sich halb auf mich. Seine heiße Haut brennt sich in meine und bewirkt, dass sich meine Brustwarzen verhärten. Ein süßes Sehnen durchdringt mich. Jeder Kuss, so zart und leicht er auch ist, nährt meinen Wunsch, ihm nahe zu sein, also streiche ich ihm über den Rücken und schiebe ihm den Bund seiner Jeans über den Po.

»Moment«, flüstert er und setzt sich eilig auf, um sich die Hose abzustreifen. Er betrachtet meinen Körper und schluckt. »Darf ich dir deine auch ausziehen?«

Ich hebe die Hüfte an, damit er mich leichter ausziehen kann, und werde nervös. Ich habe meine Problemzonen und bin mir unsicher, wie Ethan auf meinen nicht gerade flachen Bauch reagieren wird. Mal abgesehen davon, dass sich meine Oberschenkel auch nicht mehr trainiert nennen dürfen, da ich mit dem Highschool-Abschluss meine Leichtathletik-Laufbahn beendet habe, um mich voll auf meine Kunst konzentrieren zu können. Fein, ich war immer schon eher mittelmäßig und habe daher sicher keine Karriere verpasst.

Ethan wirft die Hose vom Bett und beugt sich über mich. Er presst seinen Mund auf meinen Bauch und lässt dann seine Zunge in meinen Nabel abtauchen.

Ich seufze und schließe die Augen. Ich muss grinsen. Was habe ich erwartet? Dass er einen Blick auf mich wirft und sagt, dass ich dringend ein paar Kilo abnehmen muss?

»Schön?«, nuschelt er an meinem Bauch. »Magst du das?«

»Früher war ich besser in Form. Ich habe Stabhochsprung gemacht und war auch im Staffel-Team.« Keine Ahnung, warum ich dies nun sagen muss, aber ich kann mich nicht bremsen. »Nun, mittlerweile habe ich mein Training komplett eingestellt. Mein einziger Sport seither besteht darin, zu Fuß von einem Ort zum anderen zu gelangen.«

Ethan stemmt sich hoch und richtet seinen Blick auf meinen Bauch. »Okay.« Er schüttelt den Kopf. »Ich weiß jetzt nicht, ob ich etwas dazu sagen soll oder nicht.«

Ich beiße mir auf die Lippe.

Ethan hebt die Brauen, grinst und krabbelt dann über mich. Er sieht mir in die Augen. »Du gefällst mir.« Er streichelt über meinen Schenkel, lässt dann seine Fingerspitzen über meine Hüfte nach oben gleiten und umschließt schließlich sacht meine Brust. »Ich mag, wie du dich anfühlst.« Er küsst mich. »Ich habe Stabhochsprung gehasst, ich kann also gut nachvollziehen, dass du den Sport aufgegeben hast.« Er drückt mir zarte Schmatzer auf die Nase und die Lider.

Ich suche seinen Mund und küsse ihn. Er streichelt mich, erweckt eine Unrast in mir, die schnell überhandnimmt, also dränge ich mich an ihn. Ich will so viel mehr von ihm spüren, traue mich aber nicht, den nächsten Schritt zu tun. Zwar streichle ich seine Hüfte, aber ich wage mich nicht bis in seine Boxershorts vor.

Er unterbricht unseren leidenschaftlichen Kuss und grinst mich kurz an, bevor er seinen Mund auf meinen Hals presst. Langsam zieht er eine Linie feuchter Küsse über meinen Körper. Über das Tal zwischen meinen Brüsten, meinen Bauch und schließlich bis zum Bund meiner Panty. Er schiebt den Stoff tiefer, und dann landen seine Lippen auf meinem Venushügel. Seine Hand wandert an meinem Schenkel entlang und drückt ihn dabei sacht zur Seite. Ich muss mich trotzdem verrenken, um den Schlüpfer unauffällig loszuwerden, denn auf Kniehöhe stört der nur.

Ich atme tief ein. Ein wohliges Ziehen durchfährt mich, und ich beiße mir auf die Lippe. Ich möchte ihn genau dort spüren, und als wüsste er dies, schiebt sich seine Hand über die Innenseite meines Schenkels wieder hoch. Quälend langsam und unglaublich erregend zugleich. Endlich berührt er mich an der richtigen Stelle. Er reibt seine Finger sanft über meine Klitoris und küsst dabei weiterhin meinen Venushügel.

Er gleitet vorsichtig ab und schiebt seine Finger in meinen Schoß.

Ich bäume mich ihm entgegen. Ein Seufzen ist über meine Lippen gekommen, bevor ich es zurückhalten kann, und ich fasse nach seinem Schopf, um meine Finger darin zu vergraben.

Er küsst nun meinen Bauch, macht sich wohl langsam wieder auf den Weg hinauf. Dabei streichelt er weiter über meine Scham, neckt mich abwechselnd mit sanftem Kreisen und vorsichtigen Stößen. An meiner

Brust macht er dieses Mal einen längeren Halt. Er leckt über meine Brustwarze und nimmt sie dann in den Mund, um an ihr zu saugen.

Ich streichle seinen Rücken und wage mich endlich auch in seine Shorts vor. Er schaut auf, als ich seinen Penis umfasse, und schenkt mir ein Lächeln. Langsam lasse ich meine um seinen Schaft liegende Faust daran auf und ab gleiten, und er passt seine Berührung der meinen an. Wenn ich schneller werde, stößt er seine Finger ebenfalls schneller in mich, und wenn ich stoppe, hält auch er inne.

Ich atme schwer, blinzele ihn immer wieder an. »Ethan«, wispere ich und erkenne meine Stimme gar nicht wieder. Er kommt hoch und presst mir einen leidenschaftlichen Kuss auf die Lippen.

»Willst du immer noch?«, fragt er ebenso rau, wie ich klinge.

»Ja«, krächze ich. »Aber wir ...«

»... brauchen ein Kondom.« Er nickt und rutscht aus dem Bett. Sein Penis wackelt bei jedem Schritt, den er braucht, um an seine Hose zu kommen. Er zieht ein schwarzes Päckchen heraus und schaut mit roten Wangen zu mir herüber. »Ich habe nicht ständig Kondome dabei.«

Ich nicke und strecke ihm die Hand entgegen. »Kommst du zurück?«

Er krabbelt aufs Bett und bleibt neben mir knien, um sich das Kondom überzustreifen.

Das ist ein merkwürdiger Moment. Ethan sieht auf, sein Blick gleitet über mich und verhakt sich mit meinem. Ein Lächeln legt sich auf seine Lippen und er beugt sich zu mir herab. Er schaut mir in die Augen und verschließt meinen Mund mit einem sachten Kuss. Oder eher einer Reihe an vorsichtigen Schmatzern. Schließlich taucht seine Zunge wieder in meinen Mund ab und er schiebt die Hand unter meinen Rücken. Sein Körper drängt sich an meine Seite, und ich spüre das kühle Gummi zwischen uns.

Ich fasse nach ihm, berühre seine Hüfte und drehe mich leicht, damit ich seinen Po streicheln kann. Ethan rutscht über mich, und ich spreize die Schenkel, damit er genug Platz hat. Er küsst mich immer noch und schiebt seinen Penis in Position. Mit den Fingern sucht er sich seinen Weg, neckt mich zunächst mit einigen Stößen, bevor er seinen Schaft in mich schiebt. Er stöhnt an meinen Lippen, unterbricht unseren Kuss aber nicht.

Dann umfasst er meine Hüfte und zieht sich langsam wieder aus mir zurück. Ich keuche und umschlinge seinen Hals mit meinen Armen und seine Mitte mit meinen Schenkeln. Ethan nimmt dies als Aufforderung und bewegt sich langsam in mir. Ich erbebe unter der Hitze seiner Berührung. Ihn tief in mir zu spüren, ist so schön, dass mir die Tränen kommen. Ich schließe die Lider und konzentriere mich auf all die Gefühle, die in mir toben. Das Sehnen, das Prickeln, das Pulsieren. Mein Schoß ist ein wahrer Vulkan an Empfindungen, und ich bin mir nicht sicher, ob ich Ethan antreiben oder schlicht genießen soll, was er mit mir anstellt.

Ich streichle über seinen Rücken und kneife ihm in eine Pobacke. Ich klammere mich an ihn und versuche, ihn tiefer in mir zu spüren. Mehr von ihm.

Ethan keucht. Seine Lippen wandern über meine Wange und legen sich an meinen Hals. Seine Stöße werden schneller, er umschlingt mich und zerdrückt mich fast in seiner Umarmung. Die neue Intensität seiner Bewegung schickt Blitze durch meinen Körper. Alles verzehrendes Feuer überrollt mich, und ich wispere seinen Namen.

Er saugt sich an mir fest und stöhnt gedehnt.

Ich grinse zufrieden und lasse die Beine abgleiten. Ich bin herrlich erschöpft und wahnsinnig glücklich. »Das war die richtige Entscheidung«, flüstere ich und drücke ihm einen Kuss auf die Wange.

Er blinzelt und stützt sich auf. »Wir brauchen dringend mehr Kondome«, murmelt Ethan und schiebt sich von mir herunter. Er grinst schief. »Ich habe meinen liebsten Zeitvertreib gefunden.«

Ich schnaufe und lache dann unsicher. »Ich weiß nicht, was ich davon halten soll.«

Ethan beugt sich vor und legt die Hand an meine Wange. »Ignorier mich, das sind die Endorphine.« Er küsst mich und seufzt dann. »Ich gehe kurz ins Badezimmer.«

Ich schaue ihm nach. Mein Herz hüpft, und ich kichere. Er hat einen knackigen Hintern und breite, muskulöse Schultern. Ich kann es gar nicht glauben, dass er tatsächlich mein Freund ist. Ethan und Abby. Definitiv eine Geschichte mit Happy End!

8

Ethan

Wir nutzen die Telefonate am Abend einfach dazu, uns besser kennenzulernen. Dann wird die Zeit wie im Flug vergehen.

Das hat Abby beim Abschied vor unserer Abreise nach Montana gesagt. Meine Liebste kann zwar nicht lügen, aber sie kann definitiv unangenehme Dinge schönreden. Wir sind fast die ganze Woche unterwegs, weil die Anreise zum Auswärtsspiel diesmal so weit ausfällt. Ich vermisse Abby so sehr, dass es sich ständig anfühlt, als wäre ich innerlich hohl.

Zum Glück bin ich tagsüber gut abgelenkt. Taktikbesprechungen, Fitnesstraining, Testspiele gegen die eigenen Jungs ... Alles, um unsere Chance auf eine Top-Platzierung in der Big Sky Conference am Ende der Saison und damit den Einzug in die Playoffs der Championship Subdivision zu wahren. Aber ich will einfach nur das Spiel am Samstag hinter mich bringen und zurück nach Hause. Seit eineinhalb Wochen ist Sacramento wirklich endgültig zu meiner Heimat geworden.

Seit eineinhalb Wochen bin ich mit Abby zusammen.

Es war eine wunderschöne Zeit. Gefühlt lassen wir es immer noch langsam angehen, auch wenn wir nach fast jedem Date im Bett landen. Ich liebe Abbys Körper, liebe es, dass sie sich nach der ersten Schüchternheit inzwischen mehr öffnet und ihre Leidenschaft auslebt. Sie scheut sich nicht mehr, sich mir nackt zu zeigen und den ersten Schritt zu machen, wenn sie Lust auf mich hat.

Das ist natürlich nicht alles, was mich an ihr interessiert. Ich habe keine Ahnung von Kunst, aber wenn ich mir ihre Bilder und Collagen ansehe oder wenn sie mir ein Gemälde aus Milchschaum und Espresso in die Tasse zaubert, dann meine ich zu spüren und zu verstehen, was sie damit ausdrücken will. Ich rede auch gern mit ihr. Sie ist witzig und schlagfertig. Bei ihr weiß ich immer, woran ich bin. Sie ist höflich, aber stets ehrlich.

Ehrlich. Ganz im Gegensatz zu mir.

Ein Schlag trifft mich im Rücken, härter, als er hätte sein müssen. »Na, träumst du schon wieder von deiner verhinderten Künstlerin?«

Ich fahre zu Pete herum, der mich höhnisch angrinst.

Ehe ich etwas sagen kann, blafft er: »Konzentrier dich gefälligst auf das Training. Ich hab keine Lust, wegen deiner überschießenden Hormone die Saison zu vergeigen.«

»Die Saison läuft brillant, seit Ethan im Team ist!«, springt mir Leroy zur Seite. »Vielleicht solltest du deine eigenen Hormone in den Griff kriegen und dich endlich mal als Teamplayer beweisen, sonst beerbst du Cooper nie als Quarterback!«

Pete erstarrt, und ich mit ihm. Wow, so einen Spruch loszulassen, das traut sich nur Leroy. Leider ist er deutlich weniger schlagkräftig als seine Verlobte – ich sehe ihn schon am Boden liegen und Pete auf ihm hocken.

Zum Glück steht Cooper gleich neben Pete und legt ihm den Arm um die Schultern. »Mich beerbt so schnell niemand«, behauptet er leichthin. »Ich bin topfit. Und nun lasst uns trainieren. Die Coaches gucken schon böse rüber.«

Pete funkelt erst Leroy, dann mich noch einmal wütend an, anschließend schüttelt er Cooper ab, fährt herum und stapft davon.

»Das war knapp, Mann«, raune ich Leroy zu. »Danke, aber bring dich bitte nicht so in Gefahr.«

Leroy grinst. »Ich bin Kummer gewohnt. Hab mich oft genug im Leben durchschlagen müssen. So ein Typ ist schlecht fürs Team, und das Team ist – neben meiner Süßen – mein Leben. Das macht mir keiner kaputt.«

»Dann solltest du auf mich auch sauer sein. Ich bin tatsächlich abgelenkt, da hatte Pete schon recht. Er hätte es nicht auf diese Art sagen sollen, aber ...«

Leroy winkt ab. »Der ist nur neidisch, dass die Kleine ihn nicht wollte. Und nun komm.«

Offense-Coach Simmons befiehlt Passspiel-Training für Quarterback, Runningbacks und Wide Receiver. Ich hänge mich voll rein, um allen zu beweisen, dass ich verliebt und trotzdem ein guter Spieler sein kann.

Sie haben Leroy und mich in ein Zimmer gesteckt mit der Begründung, dass wir uns dann wenigstens gegenseitig von unseren Freundinnen vorschwärmen und den Rest des Teams mit dem Thema in Ruhe lassen können. Und abgesehen davon, dass ich Leroy wirklich gern mag und er nicht schnarcht, war das die beste Entscheidung. Er telefoniert nämlich jeden Abend stundenlang mit Keisha, und das tut er am liebsten draußen, sodass ich das Zimmer für mich habe und in Ruhe mit Abby skypen kann.

Sie sitzt in Pyjamahosen und Tanktop im Schneidersitz auf ihrem Bett, ein Handtuch um die nassen Haare geschlungen, und meine Sehnsucht, sie in die Arme zu nehmen, wird übermächtig. Sie ist so verdammt weit weg.

Sie wendet sich ab, es raschelt, und dann hält sie eine farbige Kreidezeichnung im A4-Format in die Kamera. »Schau mal, das hab ich heute gemacht.«

Ich verenge die Augen und schaue genauer hin. In einem rechteckigen Rahmen aus verschlungenen Herzen stehen eine Männer- und eine Frauenfigur einander gegenüber und halten sich an den Händen. Sie sind nackt; vor beide Gesichter fallen die jeweiligen Haare, dennoch ist unverkennbar, dass das Bild uns beide darstellt. Zu den Füßen des Mannes sind ein Football und die Miniatur von Big Ben abgebildet; neben der Frau stehen ein Kaffeeglas und eine Staffelei mit Palette. Im Hintergrund kreuzen sich zwei Flüsse, und die Skyline von Sacramento ist angedeutet.

»Es ist eine Tarotkarte«, erklärt Abby stolz.

Meine Liebste hat uns beide, unsere Charaktere und Vorlieben, so perfekt eingefangen. Ich schlucke gegen den Kloß in meiner Kehle an. »Die ist«, bringe ich mühsam heraus, »wunderschön.«

Nun strahlt sie. »Kennst du dich mit Tarot aus?«

»Nein, kein bisschen.«

»Ich auch nicht wirklich.« Sie kichert. »Aber ich mag diese Karte. Sie heißt *Die Liebenden.*« Ihr Gesicht färbt sich plötzlich feuerrot. »Oh. Ich ...« Sie zieht die Lippe zwischen die Zähne. »Damit wollte ich nicht ...« Sie schluckt sichtbar und schaut direkt in die Kamera. »Doch, wollte ich«, gesteht sie in ihrer unschlagbaren Ehrlichkeit. »Ich ... glaube, ich liebe dich, Ethan.« Wieder kichert sie, es klingt nervös und wahnsinnig süß. »Eigentlich sollte man sich so etwas nicht so schnell sagen, oder? Und du musst das auch nicht tun, wenn du ... wenn du es nicht ...«

»Ich liebe dich auch«, erwidere ich und bin selbst überrascht, wie leicht mir diese Worte über die Lippen kommen. »Danke für diese Zeichnung. Schickst du mir ein Foto davon, damit ich sie mir immer wieder anschauen kann?«

»Klar, gern! Findest du, ich habe uns gut getroffen?«

»Ich weiß nicht. Ist mein Hintern wirklich so knackig?«

Abby lacht laut auf. »Noch knackiger«, behauptet sie. »Aber ich wollte nicht, dass deine Schönheit mich komplett überstrahlt.«

»Nichts überstrahlt deine Schönheit, nicht mal die Sonne am Himmel«, flüstere ich, und Abby strahlt mich an.

Die Tür geht auf und das Geräusch reißt mich aus dem innigen Moment. Leroy macht mit der Hand, die gerade kein Telefon an sein Ohr presst, ein entschuldigendes Zeichen und huscht zu seinem Spind, holt sich eine Flasche Gatorade, winkt in meine Kamera und ist wieder verschwunden.

»Da fällt mir ein: Seine Keisha war heute im Café. Eine tolle Frau. Kennst du sie?«

»Nur aus seinen Erzählungen. Aber es würde mich freuen, wenn ihr euch anfreundet.« Ich muss grinsen. »Dann hast du einen Bodyguard, falls ich nicht da bin und du mal wieder –« Erschrocken breche ich ab.

»Falls ich wieder mal von übergriffigen Kerlen belästigt werde?« Sie schnaubt. »Zumindest die in deinem Team lassen das hoffentlich von nun an sein. Solche Kameradenschweine, die die Frauen der Kollegen angraben, braucht nun wirklich niemand.«

Kameradenschwein. Warum benutzt sie ausgerechnet dieses Wort? Sofort klingt mir Brandons Stimme in den Ohren, und ich spüre, wie meine Mundwinkel herabsinken.

»Was ist denn los?«, fragt Abby sofort. »Ist irgendwas vorgefallen mit Pete?«

Ich nutze die Steilvorlage und nicke heftig. »O ja. Er lässt keine Gelegenheit aus, mich zu triezen. Aber mach dir keine Gedanken, ich komm mit ihm klar.« Es ist keine Lüge, rede ich mir ein. Ich habe einfach nur die zweite Frage ehrlich beantwortet und die erste ausgelassen. Das ist doch kein Lügen, oder?

Doch, flüstert eine gehässige Stimme in meinem Kopf. Auch die klingt erstaunlicherweise nach meinem ehemaligen Freund.

»Darauf wette ich«, meint Abby, und ich zucke zusammen und starre den Bildschirm an.

»Wie bitte?« Meine Gedanken rasen. Sie kann es nicht wissen! Aber warum sagt sie dann diese Dinge?

Abby runzelt die Stirn. »Ich sagte, ich würde darauf wetten, dass du mit Pete klarkommst. Du bist stark und hast das Team hinter dir. Na ja, außer Cooper vielleicht.«

»Ich ... Ach so, ja!« Ich kichere, es klingt leicht verzweifelt. »Natürlich komme ich klar. Und Cooper ist ...« Ich kann nicht mehr weiterreden, ich muss erst einmal tief durchatmen.

Abby legt den Kopf schief. »Was ist denn plötzlich mit dir, Ethan? Du bist so seltsam, seit Leroy im Zimmer war.«

Ich schlucke schwer. Ich muss das hier wieder hinbiegen! »Ich glaube, ich hole mir auch mal was zu trinken. Bin wahrscheinlich dehydriert. Moment.«

Leroy wird mir dafür vermutlich die Hölle heißmachen, aber ich gehe an seinen Geheimvorrat und nehme mir ein kreischend blaues Gatorade heraus. Irgendwie brauche ich gerade nicht nur Flüssigkeit, sondern auch Zucker. Herrgott, ich sollte Schauspielkurse belegen, um solche Situationen besser meistern zu können, sonst versaue ich noch alles mit Abby.

Oder ich könnte ehrlich zu ihr sein.

Der bloße Gedanke löst ein Brennen in meiner Kehle aus und ich stürze das süße Zeug hinunter. Aber das hilft nicht. Der Himbeergeschmack mit blauer Farbe irritiert bloß mein Gehirn, und der meiste Zucker ist durch künstlichen Süßstoff ersetzt, der dem Ganzen einen widerlichen Nachgeschmack verleiht.

Ich kann nicht ehrlich sein, das würde alles zerstören. Ich atme tief durch, zwinge ein Lächeln auf mein Gesicht und setze mich wieder vor die Kamera. »So, da bin ich wieder.« Ich schwenke die Flasche. »Eigentlich trinke ich nur Wasser und selten mal eine Cola, aber ab und zu ist so was auch mal gut.«

Abby verzieht das Gesicht. »Pfui Teufel. Na ja, die Hauptsache ist, dass es dir besser geht.«

»Viel besser. Tut mir leid, dass ich eben so abwesend war. Vermutlich war ich tatsächlich ein bisschen dehydriert. Die veränderte Höhenlage hier in Montana ... Es ist nicht so leicht, damit klarzukommen.«

»Das kann ich mir vorstellen«, sagt Abby mitfühlend. »Ich meine, in England gibt es ja nun nicht so viele Berge.« Sie runzelt die Stirn. »Oder doch?«

»Ein paar. In England selbst ist der höchste Berg allerdings keine tausend Meter hoch, aber im Rest von Großbritannien gibt es einige Tausender.« Bloß ablenken, jetzt nicht auch noch über England nachdenken! Ich plappere weiter. »Der Ben Nevis in Schottland ist zum Beispiel über eintausenddreihundert Meter hoch.«

Abby sieht leicht verwirrt aus. »Meter ... Meine Eltern benutzen Meter und Kilometer, aber ich muss jedes Mal überlegen, wie viel Fuß das sind. Ungefähr drei pro Meter, richtig? Also ist dieser Berg über viertausend Fuß hoch?«

Ich muss lachen. »Tja, in England werden beide Maßsysteme parallel verwendet, da habe ich es leichter.« Langsam fühle ich mich wieder etwas entspannter. Ich trinke noch einen Schluck Gatorade. »Jedenfalls sind unsere Berge nicht vergleichbar mit euren Rockies. Aber ich denke, das größte Problem ist, dass wir in Sacramento kaum höher als der Meeresspiegel leben, und hier befinde ich mich auf – was, fünfzehnhundert Metern? Es ist ein Unterschied, hier Sport zu machen, glaub mir.«

»Kann ich mir vorstellen.«
Eine kleine Pause entsteht.

»Vermisst du England?«, fragt Abby dann, und ich muss mich zusammenreißen, damit mir nicht wieder die Gesichtszüge entgleisen. Heute ist das wirklich nicht leicht. Und das, nachdem wir einander gesagt haben, dass wir uns lieben! Wie konnte das passieren?

»Ich vermisse meine Familie, sonst nichts«, antworte ich. »Und sie können mich ja besuchen kommen.«

»Nimmst du mich irgendwann mit dorthin? Nach England?« Wieder legt sie den Kopf schief. »Falls ich je zu Geld komme, meine ich.«

Angst greift nach mir. Bilder huschen vor meinem geistigen Auge dahin. Menschen mit wutverzerrten Gesichtern, meine Nachbarn, die höhnisch auf mich heruntersehen. Ehemalige Teamkollegen und ihre vorwurfsvollen Mienen. Und mittendrin Abby, meine süße, ehrliche Abby, die auf die härteste Weise erfahren wird, dass ihr Geliebter ein elender Lügner und Betrüger ist.

»Klar!«, antworte ich mit aller Überzeugungskraft, die ich aufbringen kann, und hoffe, dass sie nie zu genug Geld kommen wird. Das ist zwar böse, und wenn wir länger zusammen sind, würde ich sie natürlich zu der Reise einladen. Aber das ist ein Zukunftsproblem.

Diesmal scheint Abby mir zu glauben, denn sie strahlt, und das tut irgendwie noch mehr weh als die Zweifel in ihrem Blick. Ich tauge nicht zum Lügner, jedenfalls nicht in so ernsten Dingen. Warum bin ich bloß zu einem geworden?

Ich suche verzweifelt nach einem anderen Gesprächsthema. »Sag mal, wegen des Bildes ... Solltest du nicht eigentlich etwas für deine Mappe malen, wenn du schon die Zeit dafür findest, überhaupt künstlerisch tätig zu sein?«

Abby verdreht hilflos die Augen. »Sollte ich das? Ja, natürlich. Fällt mir das gerade leicht? Kein bisschen.«

»Das verstehe ich. So funktioniert Kunst nicht, was?«

Ihre Augen blitzen auf. »Doch, genau so funktioniert Kunst, von der man leben möchte. Es ist Arbeit. Ich bin niemand, der auf den Kuss der Muse wartet. Ich kann malen, sobald ich Zeit finde. Was ich meinte, war ...« Sie runzelt die Stirn. »Du gehst mir nicht aus dem Kopf, und alles, was ich zu Papier bringe, trägt deine Züge.«

Ich fühle mich geschmeichelt, aber dann muss ich daran denken, dass auch Lindsey mich gezeichnet hat. Ihr nicht aus dem Kopf zu gehen, ist nichts, worauf ich besonderen Wert lege.

»Aber ich kann schließlich keine Mappe abgeben, die voll von dir ist. Also bin ich im Moment eben nicht produktiv, was meine Bewerbung angeht.« Sie zwinkert mir zu. »Dafür habe ich jede Menge Bilder von dir und von uns beiden, die ich dir zum Geburtstag schenken kann. Wann hast du eigentlich Geburtstag?«

»Anfang Februar. Aber du kannst mir gern auch was zu Halloween schenken. Das ist doch der nächste Feiertag, oder?«

Abby grinst. »Kein wirklicher Feiertag, das ist dir schon klar, oder?«

Ich hebe die Schultern. »Sicher. Aber du kannst mir trotzdem ein Bild schenken.«

»Nur wenn du dich verkleidest.« Sie zwinkert mir zu.

»Gern! Und du? Hast du das Marilyn-Kostüm noch?«

Ihr Blick verfinstert sich. »Oh, erinnere mich nicht daran!«

»Es stand dir ausgezeichnet. Aber du kannst auch was anderes anziehen. Weißt du schon, ob es eine Party gibt?«

Abby verdreht die Augen. »Dominic liebt Halloween, und natürlich gibt es im Café eine Party. Was abends noch so los ist – keine Ahnung. Wir finden schon was.«

»Ich freue mich darauf.« Das tue ich wirklich. Egal welches Kostüm Abby anziehen wird – auch wenn sie als Mumie geht –, ich werde sie auf jeden Fall sexy finden.

»Wann kommst du zurück?«, fragt sie mit dünner Stimme. Plötzlich sieht sie einsam und traurig aus, und auch mein Herz wird schwer. »Ich vermisse dich.«

»Übermorgen ist das Spiel und am Sonntag dürfen wir ausschlafen und uns noch ein bisschen die Gegend ansehen. Die Landschaft hier ist toll. Wir fliegen Montagmorgen.«

Sie nickt.

»Abby ... Ich vermisse dich auch. Wie verrückt.«

Sie seufzt tief. »Ich hasse Auswärtsspiele. Ich will sie für dich mögen, ich will, dass du etwas vom Land siehst und deinen Sport genießt, aber für mich hasse ich sie.«

Mein erster Impuls ist, sie anzuschwindeln, ihr zu sagen, dass ich die Spiele auch hasse. Aber nein! Soweit es irgend möglich ist, will ich ehrlich zu ihr sein. Sie will es so. Sie will nicht geschont werden, also werde ich es auch nicht tun. »Um ehrlich zu sein, ich liebe diese Reisen. Du fehlst mir wahnsinnig, aber andere Staaten zu sehen, andere Landschaften und Städte, uns mit anderen Teams auf deren Grund und Boden zu messen – das ist großartig. Ich lerne so viel, mache so viele neue Erfahrungen. Aber ich werde immer wieder zu dir zurückkommen, Abby. Immer.«

»Danke, dass du ehrlich bist, Ethan«, sagt sie leise. »Manchmal tut das weh, aber es hilft mir, dir zu vertrauen.«

Ich erwidere das Lächeln, auch wenn sich mir der Magen umdreht.

Ich liege auf dem Rücken und starre an die Decke, als Leroy hereinkommt.

»Was ist denn mit dir los, Ethan? Ärger im Paradies?«

Langsam setze ich mich auf. »Nein. Schlechtes Gewissen.« Ich schwenke die halb leere Gatorade-Flasche. »Ich war plötzlich dehydriert.«

Er stemmt die Hände in die Seiten. »Dehydriert, aha.« Dann wedelt er mit einem Finger drohend in meine Richtung. »Du weißt, was ich dir über meine Schatztruhe gesagt habe! Hände weg!«

»Sorry, Mann. Ich wollte aber nicht erst raus und mir was holen, während wir noch mitten im Gespräch waren.«

Leroy setzt sich auf sein Bett. »Ist schon gut. Wie lief das Gespräch?«

»Schön. Hey, deine Frau hat meine heute besucht.«

»Ich hörte davon. Toll, dass sich die Mädels verstehen.« Er legt sich auf den Rücken.

»Finde ich auch. Ach, Leroy ...«

»Ja?«

»Danke.«

Mein Teamkollege setzt sich wieder auf und schaut mich an. »Wofür?«

»Für alles. Dafür, dass du für mich eintrittst und mich gleich akzeptiert hast, obwohl ich aus einem anderen Land hergekommen bin.«

»Hey, das ist doch selbstverständlich.«

Ich seufze. »Offenbar nicht. Pete ...«

»Pete ist ein Sonderfall.«

»Warum sind sie so, er und seine Schwester?«

Leroy hebt die Schultern. »Sie sind in Heimen und Pflegefamilien aufgewachsen, haben einander quasi selbst großgezogen. Deshalb dieser absolute Ehrgeiz. Was die Übergriffigkeit anderen Menschen gegenüber angeht – absolut keine Ahnung, woher die stammt. Scheint den beiden aber gleichermaßen in die Wiege gelegt oder anerzogen. Was Lindsey mit dir macht, ist nicht besser als das, was Pete bei Abby versucht hat.«

»Eigentlich muss ich ihm dankbar sein, dass er mir die Gelegenheit gegeben hat, sie zu retten. Wer weiß, ob ich sie sonst überhaupt kennengelernt hätte.«

Leroy grinst. »Das hättest du sicherlich. Auch ohne Pete hätte sie ja den *awkward* Auftritt mit der Torte hingelegt. Sie hätte so oder so Hilfe benötigt. Bei ihrer Schwester und Cooper kannst du dich bedanken.«

»Weißt du, was die ganze Aktion sollte?« Ich habe Abby nie danach gefragt, um sie nicht daran zu erinnern. Auch wenn ich mir den einen oder anderen Marilyn-Witz nicht verkneifen kann.

»Jep, man hört so einiges. Angeblich wollte Cooper Petes sexuelle Orientierung auf die Probe stellen, weil er hoffte, ihn doch noch rumzukriegen.«

Da hatte ich dann wohl die richtige Ahnung.

»Tja, das ist grandios nach hinten losgegangen, so wie Pete auf Abbys Reize angesprungen ist, aber Coop hofft immer noch, dass das nur Show war und Pete in Wahrheit zumindest bi ist.«

Ich schüttele den Kopf. »Pete ist doch nicht bi.«

»Nein, aber Cooper ist *delulu*. Der will das nicht wahrhaben.«

Wut steigt in mir auf. »Und weißt du zufällig auch, warum gerade Abby den Lockvogel spielen musste?«

»Ihre Schwester war wohl wirklich krank an dem Tag. Sonst hätte sie es selbst getan. Sie liebt offenbar solche Auftritte und wird häufig dafür gebucht.«

Ich weiß nicht, ob ich Abbys Schwester kennenlernen will, weil ich neugierig auf sie bin, oder ob ich sie nur treffen will, um sie zu erwürgen, weil sie meine Süße in so eine Situation gebracht hat.

Am Spieltag fühle ich mich fit und tatkräftig. Wir schaffen das Ding heute! Nach einer leichten Laufeinheit am Morgen treffen wir uns nach der Mittagspause, Stunden vor dem Kickoff, auf dem Trainingsplatz zu letzten Taktikbesprechungen. Die Physios nehmen sich jeden Einzelnen von uns noch einmal vor, letzte Verspannungen oder leichtes Zwicken der Muskeln werden behandelt. Zum Glück ist keiner von der Stamm-Mannschaft verletzt. Jetzt zählt jedes Spiel, jeder Punkt. Die Aufregung steigt von Minute zu Minute. Nervös gehen wir zum Aufwärmen auf den Platz. Wir laufen, machen unsere üblichen Squats, Agilitätstraining, Hand-Augen-Koordination.

Dann ist es Zeit. Die Fans der Heimmannschaft sind laut, begeistert.

Nur wenige Hardcore-Raven-Fans sind uns nachgereist, aber sie versuchen alles, um gegen das Gebrüll der

Bobcats-Anhänger anzukommen. Headcoach Gerber hält seine übliche Ansprache, die wir schon auswendig kennen, die uns aber seltsamerweise dennoch stets motiviert. Wir klatschen einander noch einmal ab und gehen auf unsere Positionen.

Der Kickoff bringt uns den Ballgewinn und das Angriffsrecht. Nach dem Snap übergibt mir Cooper den Ball genauso bombensicher, wie wir es wieder und wieder trainiert haben. Ich finde allerdings keine Lücke nach vorn, muss dem gegnerischen Tackle ausweichen, aber er ist schnell und erwischt mich trotz meines Ausfallschritts und Sprints nach rechts voll. Ich klatsche hart auf dem Boden auf, kann aber den Ball festhalten. Na, das war nichts. Nur ein knapper Yard Raumgewinn. Wir nehmen wieder Aufstellung. Cooper gibt das Zeichen für einen Counter. Kaum ist der Ball frei, renne ich nach rechts, parallel zur Line of Scrimmage. Coop täuscht einen Wurf zu mir an, dreht sich dann aber und übergibt den Ball an Pete, der im Gegensatz zu mir im First Down die Lücke findet und gute zwanzig Yards gewinnt. Wow! Ich kann ihn nicht ausstehen, aber er ist ein guter Tailback. Das nächste First Down bringt uns weit in die gegnerische Hälfte, und im darauffolgenden macht Emilio unseren ersten Touchdown. Auch den Point after Touchdown schafft unser Kicker Jamal, und wir führen mit sieben zu null.

So gut geht es leider nicht weiter, nicht umsonst sind die Bobcats ein Top-Team und Anwärter auf einen Spitzenplatz. Minuten vor Ende des vierten Quarters ist das Spiel ausgeglichen wie kaum ein anderes in dieser Saison. Es steht siebzehn zu siebzehn, und wir haben das Angriffsrecht. Jetzt bloß keinen Fehler machen! Ich bin nervös, befürchte, Coopers Anweisungen misszuverstehen und in die falsche Richtung zu laufen, aber das passiert mir zum Glück nicht. Ich bin professionell, ich weiß, was ich zu tun habe. Ich bin in dieser Mannschaft angekommen und wir verstehen uns beinahe blind. Coop sagt einen Draw an, die Männer an der Linie ziehen sich zurück, als würden sie seinen Pass schützen wollen. Er passt aber nicht, sondern übergibt mir den Ball, und ich renne los. Ich erwarte, getackelt zu werden, aber wie durch ein Wunder – oder eben durch die großartige Arbeit meiner Guards – tun sich Lücken auf, ich laufe, laufe immer weiter, und ich kann es selbst kaum glauben, als ich die Endzone erreiche, um den vielleicht entscheidenden Touchdown zu machen! Ein atemberaubendes Glücksgefühl durchströmt mich, und meine Kollegen stürzen sich auf mich und begraben mich unter sich.

Jamal macht mit dem PAT den Sack zu, und wir gewinnen das Spiel mit vierundzwanzig zu siebzehn.

»Männer«, ruft Headcoach Gerber in der Kabine, kaum in der Lage, unsere Siegesgesänge zu übertönen, »als Belohnung für diese Wahnsinnsleistung hängen wir eine Woche in Montana dran, Spezial-Höhen-Trainingslager, um zukünftig noch besser auf Spiele in bergigen Regionen vorbereitet zu sein!«

Es wird still in der Kabine. Der Coach grinst in die Runde, doch ihm ist anzusehen, dass er genau weiß, dass dieses Trainingslager wahrlich nicht für jeden von uns eine Belohnung ist. Für mich am allerwenigsten. Vermutlich hat er den Siegestaumel abgewartet, um uns die *frohe Botschaft* zu überbringen.

»Hey, Mann, nimms nicht so schwer.« Leroy schlägt
mir auf die Schulter. »Dann siehst du deine Süße eben
erst nächste Woche wieder. Zu Halloween kannst du
sie im sexy Kostüm bewundern, da bin ich sicher. Der
Rest eures gemeinsamen Lebens liegt noch vor euch.
Keisha und ich haben viele solcher Phasen überstehen
müssen. Sie machen euch nur stärker.«

Ich sage nichts dazu. Der Coach erzählt von einem
grandiosen Sport-Resort mitten in den Bergen, wo wir
die besten Trainingsbedingungen vorfinden werden,
und so langsam fängt es doch an, nach einer Belohnung
zu klingen. Obwohl ich traurig bin, noch länger auf
Abby verzichten zu müssen, spüre ich auch eine leise
Vorfreude auf die intensive Trainingszeit mit den
Jungs. Und vielleicht hat Leroy ja recht, und unsere Beziehung wächst daran. Außerdem – wir haben das härteste Spiel der Saison gewonnen! Dies ist ein Tag zum
Feiern!

9

Abigail

Mein Herz schlägt schneller, als Ethan das Café betritt. Sein Blick fliegt über die Menge und bleibt an mir hängen. Seine Mundwinkel heben sich und er strahlt über das ganze Gesicht. Ich kann nur seufzen.

Dominic stößt mich an. »Du Traumtänzerin.«

»Selber«, brumme ich und beschäftige mich eilig mit dem Vollautomaten. »Bist du sicher, dass du den Rest des Tages ohne mich klarkommst?« Ich beiße mir erschrocken auf die Lippe. Da ich mit Ethan verabredet bin, kann ich gar nicht länger bleiben, und doch fühlt es sich so an, als hätte ich dies soeben angeboten.

Dom kichert und stößt mit der Schulter gegen mich. »Und der arme Kerl sitzt am Tresen und himmelt dich an, während du die Schicht beendest? Nein. Sieh zu, dass du deinen Knackarsch hier rausbeförderst.« Sein Blick springt zu Ethan, der sich in der Zwischenzeit durch die Menge gewühlt hat. Das lässt mich vermuten, dass er mit *Knackarsch* Ethan meint und nicht mein eigenes Hinterteil. Einen Moment bin ich beunruhigt, denn mein Chef ist nur wenige Jahre älter als wir und sieht gut aus, dann aber sage ich mir, dass ich meine Eifersucht im Griff behalten muss. Zum einen ist es unfair, von Ethan das Schlimmste anzunehmen, und zum anderen weiß ich, dass mein Chef im Grunde ein korrekter Kerl ist, der keine Typen anbaggert, die klar vergeben sind.

»Mach ich.« Zuvor gebe ich meinem letzten Latte an diesem Tag eine Zimthaube, die das Zombieabbild darunter vervollständigt. Ich stelle das Glas vor meinem Kunden ab und wünsche ihm ein gruseliges Halloween, bevor ich mich über den Tresen lehne.

Ethan kommt mir entgegen und gibt mir einen Kuss. »Hey«, raunt er. »Du siehst toll aus.«

»Ich habe befürchtet, dass das *Englisches-Schulmädchen-Zombie-Theme* etwas übertrieben ist.« Ich hebe die gestreifte Krawatte an. »Konnte aber nicht widerstehen, als ich das Kostüm im Halloween-Megastore gesehen habe.«

»Ach, *das* soll es sein.« Er prustet. »Englisches Schulmädchen also?« Er zwinkert. »Nicht ganz.«

»Hm«, brumme ich. »Warte, ich ziehe mich schnell um. Ich hab noch ein Wechselkostüm dabei.«

»Du bist toll«, versichert Ethan. »Die Uniform steht dir. Ich wollte nicht, dass du dich schlecht fühlst.«

Mein Herz quillt über, und ich muss ihn einfach närrisch angrinsen. »Ich freue mich auf unser Date.«

Er wird rot. »Dann lass uns gleich los.«

»Aber ...« Ich deute an mir auf und ab. »Ich sollte mich wirklich umziehen.«

»Nein«, sagt er bestimmt. »Mir gefällt das Kostüm.«

»Okay, dann los.« Ich muss allerdings erst um den Verkaufstresen herum. Ethan fasst nach meiner Hand, sobald ich bei ihm bin, und küsst mich erneut.

»Das ist viel besser als telefonieren.«

Ich lache und schlinge den Arm um seine Mitte. »Dann wird dir gefallen, dass du nachher mit zu mir kommen kannst.« Ich schiebe ihn durch die Menge.

»O ja, der Tag wird immer besser.«

Ich kann mich kaum halten vor Belustigung und lache, während er die Tür aufzieht. Unaufmerksam, wie ich bin, laufe ich daher direkt in Wonderwoman – Lindsey – hinein, die mich sofort zurückstößt.

»Hey!«, schnauft sie. »Pass doch auf!«

»Entschuldige«, haspele ich und richte mich auf, da ich in Ethans Armen gelandet bin. »Aber du kannst doch nicht ...«

Lindsey schnaubt und sieht an mir auf und ab. »Du schon wieder.« Sie schaut Ethan an, und ihre Lippen zucken, bevor sie grinst. Ihr Lächeln trägt einen lasziven Unterton, der meine Eifersucht wieder anregt. »Und Ethan«, gurrt sie.

»Lindsey. Schauriges Halloween.« Jetzt schiebt er mich weiter und ignoriert dabei, dass Lindsey zu einer Erwiderung ansetzt. »Ich habe Karten für das Horrorhaus. Ich hoffe, du magst so was.«

»Für das Horrorhaus?«, frage ich verwirrt. »Meinst du den Sacramento Scream Park?«

Das Rot seiner Wangen sticht sich jetzt mit dem Fake-Blut auf seinem Hemd. Er hat eine Scream-Maske auf dem Kopf und trägt einen schwarzen Umhang, der aber nicht geschlossen ist.

»Ja. Keine gute Idee?« Er führt mich die Straße hinunter. In jedem Schaufenster der Main Street findet man ausgehöhlte und schaurig beleuchtete Kürbisse, Hexen, Spinnweben oder andere Dekoration.

»Nein. Der SSP ist einen Besuch wert.« Ich krause die Nase. »Besonders romantisch ist es da jedoch nicht.«

»Nun, ich dachte, wenn du dich gruselst, kann ich den Beschützer spielen.« Er grinst schief und streckt den Arm aus, um die Beifahrertür aufzuziehen.

Ich kichere und steige in seinen Wagen. »Ja, ich kann deinem Gedankengang folgen.«

»Aber?« Er beugt sich vor, damit er mich ansehen kann, während ich ihm die Antwort gebe.

»Ich bin nicht leicht zu verängstigen.« Zumindest nicht durch Spuk und Lichteffekte. Das Leben macht mir Angst, aber ganz sicher keine geschminkten Gesichter und Fake-Blut.

»Tja, dann muss ich umplanen.« Ethan schlägt die Tür zu und umrundet den Wagen, um auf der Fahrerseite einzusteigen. »Vielleicht bin ich fürchterlich verängstigt und du ...«

Ich lache haltlos.

»Vielleicht haben wir auch einfach Spaß?« Er zwinkert mir zu und startet den Wagen. Wir müssen auf den Auburn Boulevard, das ist ein Stück und die Straßen sind voll. Schließlich bereitet sich die ganze Stadt darauf vor, den Abend gruselig zu begehen. Ethan parkt den Wagen auf dem Parkplatz direkt vor dem *Valentine Haunt*, einer riesigen Lagerhalle, in der sich der Scream Park befindet.

»Welche Attraktion besuchen wir denn?« Der Scream Park ist so unterteilt, dass es vier thematisch unterschiedliche Abenteuer gibt, diverse Snack-Bars und einen Shop.

»*Frightmare Midway*.« Er zieht den Schlüssel ab. »Kennst du die schon?«

»Nein.«

Er grinst breit. »Gut! Dann lass uns mal.«

Wir sind nicht die Einzigen, die diesen Abend im Scream Park verbringen wollen, und wir müssen uns an einer langen Schlange anstellen. Ethan legt den Arm um mich, und ich kuschele mich an seine Seite.

»Ich habe dich vermisst«, wispert er mir ins Ohr. »Und konnte das Trainingslager und das Sightseeing gar nicht genießen.«

»Das tut mir leid. Ich beneide dich ein wenig. Ich würde auch gern reisen, aber das verträgt mein Portemonnaie nicht.« Ganz so schlimm ist es nicht, da ich schließlich Vollzeit im Café beschäftigt bin und nebenbei auch bei meiner Schwester arbeite, aber ein Studium ist teuer. Ich will nicht mittendrin abbrechen müssen, weil mir das Geld ausgeht. Wie bisher zu arbeiten, traue ich mir nicht zu.

»Es wäre schön, wenn du mich begleiten könntest«, meint Ethan. Er runzelt nachdenklich die Stirn. »Aber vermutlich wäre ich dann zu abgelenkt.«

»Ich kann Reisen ohnehin nicht in meinen Arbeitsplan quetschen.« Ich seufze. »Shona fällt weiterhin aus, und Claire hat ebenfalls einen Haufen Aufträge für mich, auch wenn ich gerade nicht mit ihr persönlich spreche.« Endlich erreichen wir den Eingang, und Ethan kramt die ausgedruckten Karten hervor. Wir werden von dem Zombie durchgewinkt und betreten das Hauptgebäude. Die vier Themes gehen von einem Innenraum ab, in dem sich die Snackstände und die Souvenirläden befinden. Wir müssen in die hintere rechte Ecke und dort noch einmal die Karten vorzeigen. Gleich hinter dem Eingang springt uns ein messerschwingender, blutbespritzter Typ entgegen.

Ethan zieht mich zu sich, und wir ducken uns unter den Schwingern hinweg. »Oh, verdammt.« Er sieht sich um.

Es ist schummrig in dem engen Gang, die Wände sind Repliken von Höhlenwänden und wirken im Halbdunkel verteufelt echt. Ich strecke die Hand aus, um die raue Textur unter den Fingerspitzen zu spüren.

»Damit habe ich nicht gerechnet.«

Ich kichere und schlinge den Arm um ihn. »Rechne hier mit allem.«

Es quietscht, und die Wände wackeln.

»*Oh shit*!« Ethan lacht und wir eilen durch den enger werdenden Gang. Spinnweben klatschen uns ins Gesicht und im nächsten Moment geht ein feiner Nebel auf uns nieder. »Bäh!«

»Wir werden wohl duschen müssen.« Ich wische mir über das Gesicht und präsentiere ihm meine Hände.

»Gefällt mir«, versichert er mit einem Grinsen. »Lass uns zusehen, dass wir hier lebend rauskommen, was meinst du?«

»Ich bin bereits ein Zombie.« Ich zucke die Achseln, kuschele mich aber wieder an seine Seite, um den Weg fortzusetzen. »Um dich mache ich mir Sorgen. Stirbt der Scream-Mörder nicht am Ende immer?«

»*Oh crap!*« Ethan lacht und ich lausche ihm zufrieden. Das Leben ist wundervoll, wenn er bei mir ist. Er lässt mich wortwörtlich auf Wolken schweben.

Ich schließe die Tür auf und lasse Ethan zuerst in mein Apartment eintreten. Meine Halloween-Dekoration beleuchtet den Raum bereits, da ich sie mit einem Zeitschalter versehen habe. Und so grüßt uns ein Meer an falschen Kerzen, die auf den Regalen stehen und flackerndes Licht verströmen.

Ethan sieht sich um und lacht. »Sagtest du nicht was von Romantik?« Er dreht sich zu mir um und zieht mich in seine Arme. Er küsst mich, und ich lehne mich gegen ihn.

»Ich hatte einen schönen Abend«, murmele ich an seinen Lippen. »Vielleicht ist es schon romantisch genug, wenn du da bist?« Ich sehe ihm in die Augen und fühle mich tatsächlich völlig verzaubert.

Er lacht wieder und legt die Hand an meine Wange. »Das macht es mir einfach, hm?« Nun küsst er mich und zieht mich fest an seinen Körper. Seine Leidenschaft reißt mich mit, aber ich schmecke auch das Kunstblut auf seinen Lippen. Ich unterbreche ihn und schiebe ihn leicht von mir, da er den Kuss fortsetzen will.

»Wir sollten duschen.«

Ethan blinzelt heftig, dann breitet sich ein Grinsen auf seinen Lippen aus. »Unter der Dusche also?«

Das klingt jetzt spicy und ist nicht ganz das, was ich gemeint habe. »Wir sind von Kunstblut besprenkelt und ich habe keine Zeit, morgen das Bett abzuziehen und zum Laundromat zu laufen.«

»Und ich dachte, das wäre eine Einladung.« Er zwinkert und lässt mich los. »Also keinen Sex unter der Dusche?«

»Mir wäre mein Bett eigentlich lieber.« Immerhin bin ich den ganzen Tag auf den Beinen gewesen, nachdem ich die halbe Nacht versucht hatte, kreativ zu sein. Ich öffne die Tür zu meinem kleinen Badezimmer. Ein Luxus, da viele Zimmer in der Stadt keine separaten Nassräume haben, sondern Gemeinschaftsbäder, eben wie die Studentenunterkünfte.

»Okay.« Ethan folgt mir und legt den Arm um mich. Sein Mund drückt sich auf mein Ohr. »Dann befreien wir dich mal von dieser Uniform. Die tragen übrigens nur Grundschüler und Mittelschüler. Das hier ist also nicht sexy.« Er lässt mich los und dreht mich zu sich um.

»Oh.«

»Du bist schon scharf.« Er löst meine Krawatte. »Dafür brauchst du aber keine kurzen Röcke.«

Ich trete auf ihn zu und lege den Kopf in den Nacken. Ich halte mich an seinen starken Schultern fest und spüre seinen Körper an meinem. Ein Schauer kriecht mir über den Leib, und ich atme tief Ethans Duft ein. Das Fake-Blut verteilt sich auch auf seinem Gesicht und verklebt seinen Schopf, der nun wie ein Helm wirkt. »Ich mag, wie das klingt«, wispere ich. »Ich liebe dich.«

»Ich liebe dich«, flüstert er und schiebt mich zur engen Duschkabine. »Und jetzt raus aus den Klamotten!«

Ich öffne die Schleife seines Umhangs, der auch gleich zu Boden segelt. Ethan reißt sich sein Hemd über den Kopf und knöpft dann meine Bluse weiter auf, um sie mir über die Arme zu streifen. Der BH folgt. Er küsst mich drängend, während er meinen Rock mitsamt dem Höschen hinunterschiebt.

»Ab unter die Dusche mit dir.«

Ich steige in die Kabine und beobachte, wie er sich aus seiner Hose schält.

Er kommt zu mir und stellt das Wasser an. »So.« Ethan schlingt den Arm um mich und hält mich einen Moment lang schlicht fest. Perfekt.

Ich schließe die Augen, lege das Ohr auf seine Brust – gut, eigentlich auf seine Schulter, trotzdem bilde ich mir ein, dass ich seinen Herzschlag ausmachen kann, aber vermutlich ist es mein eigener, der in meinen Ohren widerhallt.

»Dann schrubben wir uns mal ab, hm?«, murmelt er nach einem Moment. »Damit wir ins Bett kommen.«

»Du bist heute ziemlich ungeduldig«, murmele ich, fasse aber nach meinem Duschgel. Ich will ja ins Bett und mit ihm schlafen, und vermutlich ist er einfach auch erschöpft. So ein Football-Training hat es in sich, und ich sollte nicht zu viel hineininterpretieren.

»Sorry.« Er lacht. »Wow. Ich sag ja, es braucht keine kurzen Röcke. Deine Berührung genügt, und ich kann an nichts anderes denken als ...« Er zuckt grinsend die Achseln. »Wir sollten uns schnell abduschen.«

Er sieht mich an, und ich kann ihm einfach nicht widerstehen. Ich beuge mich vor und hauche ihm einen Kuss auf die Lippen. »Oder wir machen einfach hier weiter«, schlage ich vor. »Das möchtest du doch?«

Er nickt. »Ja, das gefällt mir besser.« Dann verschließt er meinen Mund mit einem weiteren leidenschaftlichen Kuss. Dabei dreht er uns um, sodass ich nun mit dem Rücken an der gekachelten Wand lehne und er gegen mich sinken kann. Ethan streichelt über meine Seite und zwängt die Hände dann zwischen Wand und meinen Körper, um meine Pobacken zu umfassen. Er stöhnt an meinem Mund. Dann verlässt er ihn, verteilt feuchte Küsse über meinen Hals und hinab zu meinem Dekolleté. Er schiebt mich an der Wand hoch, und ich schlinge hastig die Beine um ihn.

»Verdammt«, wispert er und hebt den Kopf. »Ich bin zu schnell!«

»Das Kondom fehlt«, greife ich auf.

Ethan stellt mich ab und fährt sich durch das nasse Haar. Er wirkt wie ein begossener Pudel. »Meine Selbstkontrolle lässt zu wünschen übrig, das ist mir bisher nie aufgefallen.«

Ich drücke ihm einen Kuss auf den Mund. »Soll ich ein Kondom holen?«

»Ich mach das schon. Ich habe auch welche dabei.« Er wird rot. Das muss so ein englisches Ding sein, denn ich habe noch nie erlebt, dass einer meiner Landsleute so krebsrot anläuft, weil ihm etwas peinlich ist. »Im Auto«, murmelt er undeutlich. »Eine Packung.«

»Du wirst jetzt nicht nackt rauslaufen wollen?« Ich unterdrücke ein Grinsen. »Also nehmen wir meinen Vorrat. Aber gut, dass du mitdenkst.«

Ethan drückt meine Finger. »Warte.« Er schlüpft an mir vorbei, und ich sehe ihm nach. Er huscht tropfend zum Bett, zieht dort die Schublade meines Nachtschränkchens auf und kommt zurückgestürmt. Erst vor der Duschkabine zieht er das Gummi über. »Bei langsam bin ich bereits durchgefallen. Ich hoffe, ich bekomme wenigstens zärtlich hin.«

Ich schlinge die Arme um ihn und küsse ihn zart.
»Schon gut.«

»Nein«, murmelt er und seufzt. Er streichelt über meinen Po und schiebt die Finger dann zwischen meine Beine. »Du sollst mich auch wollen.« Er berührt mich zärtlich. Ich muss den Kuss unterbrechen und nach Atem schnappen. Ethan stößt meine Nase mit seiner an. »Schön?«, fragt er.

Ich nicke, denn ich spüre, wie sein zartes Kreisen eine deutliche Reaktion in mir hervorruft. Aus dem Ziehen wird mehr, und zwischen meinen Beinen sammelt sich der Beweis meiner Lust.

Seine Berührung lässt mein Inneres zerfließen. Er reibt kurz über meine Klitoris und versenkt dann seine Finger in meinem Schoß. Ich beiße mir auf die Lippe, um ein Stöhnen zu unterdrücken, aber da er sich wieder zurückzieht und erneut in mich stößt, bleibt es bei einem Versuch.

Ethan drängt mich wieder an die Wand und küsst mich atemlos. »Gut so?«, fragt er, und ich presse lediglich meinen Mund auf seinen. Ich streiche mit dem Fuß über seine Wade und hoffe, er versteht, ohne dass ich es aussprechen muss, dass er nicht länger warten soll.

Er keucht und zieht seine Hände zurück. Er hebt mich an, sodass ich meine Schenkel um ihn schlingen kann, und schiebt sich in meinen feuchten Schoß. Ich halte mich an seinen Schultern fest, lege die Lippen an seinen Hals und sauge sanft an seiner salzigen Haut. Sein Rhythmus ist durchaus hart, aber ich halte mich ohnehin nur mit Mühe zurück, spüre längst schon die Anspannung in meinen Gliedern und die lauernde Erschöpfung. Ich beiße ihm in den Hals, als die Welle losbricht und süße Agonie in mir auslöst. Ich klammere mich an ihn, um die Kontraktionen abzuwarten, die mich völlig auslaugen.

Ich höre sein Stöhnen, spüre seine Lippen an meinem Ohr.

»Ich liebe dich«, raunt Ethan. »Was hältst du davon, wenn wir jetzt kuscheln?« Er lehnt den Kopf zurück, sieht mich an und streichelt meine Wange. »Was meinst du?«

»Ich meine«, wispere ich, »dass ich alles mache, was du willst.«

Er lacht, dabei ist es mein Ernst. »Okay.« Er löst sich vorsichtig von mir, stellt mich auf dem Boden ab und stützt mich, da ich schwanke. »Alles gut?«

»Du machst mich fertig«, gestehe ich. »Und ich bin mir nicht sicher, ob ich nicht augenblicklich einschlafen werde, sobald mein Ohr das Kissen berührt.« Ich muss lachen, weil es so albern klingt. Ich fasse nach ihm und schmiege mich an ihn. »Ich spüre dich so gern.«

»Kuscheln, bis wir einschlafen«, schlägt Ethan vor. Ich fühle sein Lachen, auch wenn er es wohl unterdrückt. »Wir können auch morgen reden.«

10

Ethan

Es ist dumm, da wir tatsächlich beide früh rausmüssen, aber als ich mitten in der Nacht an Abbys Rücken gepresst und mit einer fast schmerzhaften Erektion wach werde und bemerke, dass sie ebenfalls nicht schläft, kann ich nicht anders. Ich küsse ihren Hals, und mein Herz macht einen Satz, als sie leise kichert. Ich nehme ihr Ohrläppchen zwischen die Zähne und beiße vorsichtig zu. Sie stöhnt auf, biegt den Arm zurück und streicht über meinen Po. Mir entfährt ebenfalls ein Stöhnen. Wie kann es sein, dass ich so verrückt nach dieser Frau bin?

Bis auf einen beleuchteten Kürbis, den wir angelassen haben, ist es dunkel im Zimmer. Ich rücke mit dem Oberkörper ein winziges Stück von ihr ab und betrachte sie. Abbys Haut schimmert golden, ihre Locken ringeln sich wirr um ihren Kopf. Ich fahre mit der Hand hindurch, dann lege ich den Arm über sie und suche ihre Brüste. Als ich die Finger auf eine der harten Brustwarzen lege und leicht reibe, drängt sie ihren Unterleib noch näher an meinen. Dieses Mal wird es mir gelingen, langsam zu machen und ihr die Freude zu verschaffen, die sie verdient, das weiß ich. Unser vorheriges Zusammensein hat meine brennendste Lust befriedigt, sodass auch ich mir jetzt wünsche, dass es möglichst lange dauern wird.

Meine Finger suchen die andere Brust und kneifen sanft in die harte Knospe, während ich weiterhin an Abbys Ohr knabbere. Sie gibt kurze, kehlige Laute von sich und reibt sich an mir.

»Du willst mir die Selbstbeherrschung nehmen, was?«, raune ich ihr ins Ohr und muss lachen. »Das schaffst du nicht. Diesmal nicht. Du wirst dreimal kommen, ehe ich es mir erlaube.«

Sie gluckst. »Das glaubst du doch selbst ni– Oh!« Sie bricht ab, und ihr Satz endet in einem Keuchen, als ich schnell, aber vorsichtig ein Knie zwischen ihre Schenkel schiebe und es an ihre Mitte drücke. »Ethan, das ... das ist ...«

Ich bewege mein Bein langsam, reibe mit dem Knie über ihre intimste Stelle, drücke mal fester, dann lasse ich wieder locker. Und das alles, während ich mit der Hand weiterhin ihre Brüste liebkose und ihren Hals lecke. Abbys Keuchen wird schneller und sie reibt ihren Schoß an meinem Bein.

»Ja, komm für mich«, flüstere ich ihr ins Ohr, und sie tut es mit einem leisen Aufschrei. Ich halte sie fest und freue mich an ihrer Lust und ihrer Befriedigung. Nachdem der Orgasmus abgeebbt ist, biegt sie den Kopf zurück, und ich küsse ihre weichen Lippen. »Eins«, murmele ich und spüre, dass sie grinst.

»Mehr werden es nicht«, behauptet sie. »Ich bin noch nie mehr als einmal gekommen.«

»Dann hattest du noch nie einen guten Liebhaber«, stelle ich mit mehr Überzeugung fest, als ich empfinde, und muss gleich darauf lachen.

Sie stimmt ein und sagt dann: »Ich fühle mich aber ganz und gar gesättigt. Was willst du dagegen tun?«

Ich ziehe mein Bein zurück und drücke mein Glied an ihren Po. »Wirklich? Willst du mich denn nicht in dir spüren?«

Sie dreht sich auf den Bauch und rollt dann weiter herum, bis wir einander gegenüberliegen. Sie rutscht wieder näher und küsst mich genüsslich. »Nun, ich hätte nichts dagegen, nur werde ich nicht noch einmal kommen. Aber du sollst natürlich auch deinen Spaß haben.«

»Oh, das werde ich.« Ich zwinkere ihr zu, was sie im Dunkeln wohl nicht sehen kann. »Später.«

»Ethan, wir sollten schlafen.«

»Später«, wiederhole ich und streiche über ihre Seite, dann über ihren Po, schließlich drücke ich sie sanft hinunter, sodass sie auf dem Rücken liegt. Ich stütze mich auf einen Ellenbogen, lasse die Finger federleicht über ihren Bauch wandern, hoch zu ihren Brüsten, danach wieder hinunter, bis ich den schmalen Haarstreifen ertaste sowie dahinter die kleine Perle und ihren Eingang. »Schön?«, frage ich.

»Ja«, haucht sie. Ich muss grinsen, weil sie heiser klingt. Erregt. »Aber ich werde dennoch nicht –«

Ich unterbreche sie mit einem Kuss, schiebe meine Zunge in ihren Mund und gleichzeitig einen Finger in ihren Schoß, liebkose mit dem Daumen ihre Klitoris und mit der Zunge die ihre. Abby stöhnt auf, erwidert den Kuss leidenschaftlich. So viel dazu, dass sie kein zweites Mal kommen wird. Vielleicht wird es etwas dauern, aber sie ist auf jeden Fall bereit, das spüre ich. Sie ist wunderbar feucht und willig unter meinen Fingern.

»Oh ... Ethan!« Sie stöhnt an meinem Mund, klammert sich an mich. Ich schiebe einen weiteren Finger in sie und verstärke meine Bemühungen. Dann spüre ich auch schon, wie sich ihre inneren Muskeln um meine Finger zusammenziehen, wie sie zuckt und sich zitternd an mich presst.

»Zwei.«

»Du bist unmöglich.« Sie klingt erschöpft und belustigt zugleich.

»Und du bist unglaublich sexy.«

»Dafür schaffst du es ja ganz gut, dich zurückzuhalten.«

Ich bin so hart, dass ich das Gefühl habe, bald zu platzen, aber das sage ich ihr natürlich nicht. »Ich habe dir versprochen, dass ...«

»Ich weiß«, unterbricht sie mich. »Dreimal. Aber das wird nicht passieren.« Schon spüre ich, wie sich ihre Finger um meine Härte schließen, und keuche auf. »Jetzt bist du dran.«

»Ich ... will noch nicht. Erst ...«

Sie küsst mich leidenschaftlich und reibt an meinem Penis auf und ab. Wenn sie so weitermacht, wird es wirklich nicht lange dauern! »Abby«, murmele ich erstickt. »Oh ... Abby ...«

»Wie willst du es?«, fragt sie mich, und ich bringe vor Überraschung kein Wort heraus. Schließlich habe ich sie auch nicht gefragt, wie sie es will. »Du hast es genau richtig gemacht«, sagt sie, als hätte sie meine Gedanken gehört. »Ich will dich genauso befriedigen. Sag mir, wie du es willst.«

»Noch ... gar nicht«, bringe ich heraus, auch wenn alles in mir nach Erfüllung schreit. »Erst ... du.«

Sie kichert und streichelt mich wieder. »Ich bin befriedigt. Vollkommen.«

»Das glaube ich nicht.«

»Glaub es besser.« Sie kniet sich hin, rutscht neben mir herunter. Sie wird doch nicht –

Warme Lippen liebkosten meine Härte, und ich stöhne und will nichts lieber, als mich fallen zu lassen. Aber ich habe eine Mission zu erfüllen! Welche war das noch mal? Meine Gedanken wirbeln durcheinander. Ich darf noch ... noch nicht ... Meine Mission! Drei. Dreimal. Da schließen sich ihre Lippen um meine Spitze, und ihre Zunge streicht rau darüber.

Ich umfasse ihren Kopf und schiebe sie von mir weg.

»Magst du das nicht?«, fragt sie und klingt verletzt.

»D-doch, natürlich«, versichere ich ihr schnell und keuchend. »Sehr sogar. Aber ... ich will noch nicht.«

»Warum bist du so stur?« Sie richtet sich auf den Knien auf. Ihre Silhouette hebt sich schemenhaft vor dem Hintergrund ab. »Lass mich dich doch auch glücklich machen.«

Meine Kehle schnürt sich zu. »Du machst mich glücklich, Abby. Unsagbar glücklich.« Ich knie mich ebenfalls hin und lege die Arme um sie. »Du sollst nur nicht denken, du wärst mir etwas schuldig. Ich möchte dich befriedigen. Du sollst Freude am Sex haben.«

»Habe ich doch«, erwidert sie heiser. »Das eben ... dich im Mund zu haben ... das hat sich gut angefühlt. Aufregend.«

»Wirklich? Du magst das?«

Sie nickt heftig, und ich ziehe sie eng an mich. Erneut nehme ich ihr Ohrläppchen in den Mund, knabbere daran.

»Dann bist du doch noch nicht ganz befriedigt?«, raune ich ihr ins Ohr und sie kichert leise, gibt aber keine Antwort. Stattdessen krabbelt sie auf meinen Schoß und reibt sich an mir. Ich spüre ihre Nässe und werde noch härter, falls das überhaupt möglich sein sollte. Wir stöhnen beide, fassen uns überall an, küssen uns innig, ich dränge das Becken nach oben, sie folgt meinen Bewegungen. Ich darf nicht in sie eindringen, wir haben noch kein Kondom. Aber sie scheint mir zu vertrauen, dass ich nichts tun werde, um sie zu verletzen. Genau das ist es, was ich will: Vertrauen. Dass meine Freundin das Gefühl hat, dass sie sich bei mir fallen lassen darf, dass sie den Ton angeben darf, wenn sie es möchte.

Sie rutscht von mir herunter und streckt sich nach dem Nachttisch. Das Kondompäckchen knistert. Ich sehe nur schemenhaft, dass sie es aufreißt. Dann spüre ich wieder ihre Hände an meinem Glied, und sie streift mir das Gummi über. Die Berührung hätte mich fast über die Klippe gestoßen. Ich beiße mir auf die Unterlippe, um mich zu bezähmen, will nach ihr greifen, um endlich in sie einzudringen, doch sie dreht sich so, dass sie mit dem Rücken zu mir kniet, die Arme auf dem Bett abgestützt. Will sie ... diese Position?

»Komm zu mir, Ethan«, haucht sie.

Das lasse ich mir nicht zweimal sagen. Ich rutsche dicht hinter sie, dränge mein Becken an ihren Po, lasse meinen Penis dann unter ihr hindurch zu ihrem Eingang gleiten. Sie kommt mir entgegen. Ich dringe in sie ein, und sie stöhnt auf. Langsam schiebe ich mich tiefer, ziehe mich zurück, dann drücke ich mich wieder in sie, noch tiefer als zuvor. Härter. Sie keucht, stöhnt meinen Namen. Ich umfasse mit einem Arm ihre Beine und liebkose mit den Fingern ihre Klitoris, während ich weiter in immer schnellerem Rhythmus in sie stoße. Ich kann nicht mehr denken, fühle und handele nur noch. Mit dem letzten bisschen meines Bewusstseins bekomme ich mit, wie sie aufschreit, sich um mich zusammenzieht, dann lasse auch ich los und erlaube mir endlich zu kommen.

Keuchend liegen wir eng umschlungen da, und als ich wieder Luft bekomme, sage ich: »Drei.«

Abby lacht, und mit dem süßen Klang im Ohr und einem allumfassenden Glücksgefühl schlafe ich augenblicklich ein.

»Bereust du es?«, frage ich am Morgen vorsichtig, nachdem wir uns frisch gemacht und angezogen haben. Wir sitzen an ihrem winzigen Tisch und teilen uns einen Becher löslichen Kaffee.

Abby lehnt sich herüber und küsst meine Nasenspitze. »Den Sex? Nein. Dass ich kaum geschlafen habe? Noch nicht, aber sicher werde ich es in ein paar Stunden bereuen.« Sie grinst mich an. »Dreimal, wow. Du hältst deine Versprechen.«

»Soll ich dir versprechen, dass es beim nächsten Mal viermal –«

»Untersteh dich!« Sie lacht. »Du machst mich fertig. Ich weiß jetzt schon nicht, ob ich überhaupt laufen und den ganzen Tag auf den Beinen bleiben kann.«

»Was soll ich erst sagen?« Ich stöhne auf. »Ich hab den halben Tag Athletiktraining.«

Ein Piepen ertönt, und Abby angelt nach ihrem Mobiltelefon.

»Na, wird dein Chef schon unruhig?« Ich betrachte sie liebevoll. Was für ein Glück ich doch habe!

Sie runzelt die Stirn und antwortet nicht. Ein ungutes Gefühl trübt sofort meine Zufriedenheit.

»Was ist denn?«, frage ich besorgt.

Sie tippt auf dem Smartphone herum, und das Stirnrunzeln vertieft sich.

»Abby?«

Sie sieht auf. »Seltsam«, sagt sie, dann blickt sie zurück auf den Bildschirm. Ich rutsche zu ihr herum und spähe von der Seite auf das Telefon. Ein Foto, das ich nicht genau erkennen kann. Dann schiebt Abby es mit zwei Fingern größer, und ich erstarre. Es überläuft mich eiskalt.

»Warum schickt mir Lindsey kommentarlos ein Foto einer Footballmannschaft?«

In meinem Kopf rasen die Gedanken, und alle Fröhlichkeit ist verschwunden. »Wieso hat Lindsey deine Nummer?«, versuche ich abzulenken.

»Hat sie nicht. Das kam über Instagram.« Abby schüttelt verständnislos den Kopf.

»Du hast sie nicht blockiert?«

Sie lässt den Bildschirm los und scrollt. Abgelenkt sagt sie: »Nein.«

Ich lege eine Hand auf ihren Arm und versuche, ihre Aufmerksamkeit zu erlangen. »Warum nicht?«

Endlich sieht sie mich an. Sie zieht einen Mundwinkel hoch. »Du wirst es nicht glauben, aber es gab eine Zeit, da haben wir uns verstanden. Damals in der Highschool, als wir beide Freude am Zeichnen hatten und dieselben Kurse belegten. Aber dann ...« Sie seufzt und hebt die Schultern. »Dann wurden wir Konkurrentinnen. Erst um Plätze bei Ausstellungen, dann um die Teilnahme an Kursen bei bekannten Künstlern aus der Stadt, zuletzt um das Stipendium. Das hat jeglichen kameradschaftlichen Gefühlen den Rest gegeben.«

»Dann blockiere sie doch jetzt.«

Da ist das Stirnrunzeln wieder. Habe ich zu fordernd geklungen? Ich bin so blöd. Als ob es etwas nützen würde, die Schlange zu blockieren, wenn sie Abby doch sowieso nach Belieben im Café aufsuchen kann.

»Bringt nichts. Das würde sie nur noch garstiger machen.«

Es piept erneut, und ich linse über Abbys Arm hinweg auf die Nachricht.

Na, schön gegruselt gestern Nacht? Ich kann dir etwas über deinen Liebsten erzählen, was dir erst so richtig die Gänsehaut über den Rücken jagen wird ...

Ich schlucke trocken, und mein Hals fühlt sich wie ein Reibeisen an. Wenn ich jetzt rede, wird Abby mir die Gewissensbisse sofort anmerken. Ich greife schnell nach dem Kaffeebecher und trinke hastig einen großen

Schluck. Etwas der noch viel zu heißen Flüssigkeit gerät mir in den falschen Hals, und ich huste und huste, bis ich endlich wieder Luft bekomme.

Abbys Blick ist nicht besorgt, sondern misstrauisch. Sie hält mir das Smartphone hin. »Was meint sie damit?«

Ich tue so, als würde ich die Nachricht zum ersten Mal lesen, versuche mich an einer ahnungslosen Miene und sage: »Woher soll ich wissen, was in ihrem intriganten Schädel vorgeht?« Das weiß ich tatsächlich nicht, aber ich befürchte das Schlimmste.

Sie antwortet nicht, sondern scrollt zurück zu dem Foto und hält es mir unter die Nase. »Das hier kam zuerst. Das sind nicht die Ravens.«

Ich sehe abwechselnd von Abby zu dem Foto. Mir ist so furchtbar übel.

Ihre Augen weiten sich plötzlich. »Das ist gar keine Footballmannschaft.« Sie starrt mir ins Gesicht. »Ist das ein Rugby-Team?«

Ich nicke hilflos.

»Dein früheres Team?«

Ich räuspere mich und verfluche mich gleich darauf. So mache ich mich doch nur verdächtig! »Was … schreibt sie denn dazu?« Verdammt! Meine Stimme klingt viel zu rau.

»Nur das, was ich dir eben gezeigt habe. Aber du hast meine Frage nicht beantwortet!«

Ich tue so, als müsste ich mir das Foto genau ansehen, dabei habe ich es auf den ersten Blick erkannt. »Ja«, gebe ich zu. »Ja, das sind die Jungs.«

Abby tippt das Foto an, und ein Beitrag öffnet sich. Ein Beitrag des offiziellen Instagram-Accounts der Barbarians.

Ein Beitrag von vor einem Jahr.

Abby liest, dann sieht sie mir ins Gesicht. »Damals warst du doch noch in der Mannschaft. Warum bist du nicht auf dem Foto?«

»Weil ich ... Ich halte mich von Social Media fern.« Das ist zur Abwechslung die Wahrheit, dennoch klingt meine Erklärung lahm.

»So sehr, dass du nicht mal aufs Mannschaftsfoto wolltest?«

Ich schlucke erneut. Mein Hals brennt von dem heißen Kaffee, meine Lunge fühlt sich an, als wäre sie verätzt worden. »Genau. Ich mag meine Privatsphäre.« Auch dies ist keine Lüge – obwohl es nicht der Grund dafür ist, dass ich auf dem Foto fehle.

Denn ich *war* auf dem Foto. Bevor ...

Ich bekomme nur noch am Rande mit, dass Abby mich immer noch mustert und sogar mit mir redet. Aber ich kann mich einfach nicht mehr auf sie konzentrieren.

Dass ich aus dem Mannschaftsfoto entfernt worden bin, tut mehr weh, als ich erwartet hätte. Diese Jungs waren meine Freunde, das Team war neben meiner Familie mein ganzes Leben. Über Jahre. Ich spüre ein Brennen in den Augen und blinzele. Das Foto, das immer noch auf Abbys Smartphone geöffnet ist, verschwimmt, scheint in Bewegung zu geraten. Ich sehe die Jungs über das Spielfeld laufen, und ich sehe mich bei ihnen, zusammen mit ihnen. Ich sehe, wie sie sich zum *Scrum* zusammenballen, ein Knäuel aus Freunden, im erbitterten, enthusiastischen Kampf für das gemeinsame Ziel. Und hinter ihnen ich als ihr Schlussmann, derjenige, der ihnen den Rücken freihält.

Wie hypnotisiert strecke ich den Finger aus und scrolle zu den älteren Beiträgen. Alle sind da auf den Fotos: Paddy, Guy, Lionel, Tom, Vince und die anderen. Nur ich nicht.

Und Brandon auch nicht.

Ich habe sie alle enttäuscht, bin zum Kameradenschwein ihnen gegenüber geworden in dem Versuch, genau das zu vermeiden. Ein Dreckskerl zu sein, der seinen besten Freund hängen lässt. Den Freund, der durch meine Schuld seinen Lebensinhalt verloren hat.

Sie haben mich aus den Mannschaftsfotos geschnitten, und es tut so weh, als hätten sie mir ins Herz geschnitten.

»Ethan!«

Der laute Ruf reißt mich aus der Trance, und ich blicke auf und sehe in Abbys erbostes Gesicht.

»Was stimmt denn nicht mit dir?« Sie klingt aufgebracht. »Ich rede mit dir!« Hektisch tippt sie auf den Bildschirm. »Was hat das zu bedeuten?«

Reiß dich zusammen! Das ist die Frau, die du liebst. Versau es nicht!

»Nichts ...«

»Hör mit dieser Scheiße auf! Was kann Lindsey mir über dich erzählen? Und was hat das mit deinem Ex-Team zu tun?«

»Abby ... Bitte! Das Foto hat mich unerwartet getroffen. Die Erinnerungen sind einfach auf mich eingestürzt.« *Bleib bei der Wahrheit, alles andere glaubt sie sowieso nicht!* »Ich vermeide es, Bilder von früher anzusehen. Ich vermisse das Team.«

»Warum hast du es dann verlassen?«

Ich seufze. Nun ist doch wieder eine Lüge nötig. »Ich wollte in den USA studieren. Ich betrachte meine sportliche Zukunft hier als aussichtsreicher.« Ich lege die Hand auf ihren Arm, und sie lässt es zu. »Und vielleicht habe ich gespürt, dass hier die Frau meines Lebens auf mich wartet. Lass dich doch von Lindsey nicht verunsichern. Sie will uns auseinanderbringen.« Plötzlich sprudeln die Worte aus mir heraus, und ich hoffe, dass sie so beruhigend klingen, wie ich es beabsichtige. »Keine Ahnung, wie sie herausgefunden hat, in welchem Team ich gespielt habe. Wie gesagt, ich bin auf keinem Foto und besitze selbst keine Social-Media-Accounts.«

Aber mein Name steht sicherlich noch auf irgendwelchen alten Mannschaftslisten oder Aufstellungen von Ligaspielen. Wenn man sich anstrengt, ist es wohl möglich, mich zu finden. Nur warum sollte Lindsey solch einen Aufwand betreiben? Vielleicht hat ihr Bruder sie beauftragt. Um mich loszuwerden, denn ich bin ihm offensichtlich ein Dorn im Auge.

Da Abby mich schweigend mustert, rede ich weiter. »Was sie damit bezweckt, dir diesen Beitrag und diese kryptischen Worte zu schicken – keine Ahnung, ehrlich. Vielleicht glaubt sie, sie wäre irgendwas auf der Spur, weil ich auf keinem Mannschaftsfoto bin. Aber ich kann dir versichern, das ist nicht der Fall. Ich bin einfach nur ein sehr privater Mensch.«

»Gerade dachte ich, dir kämen die Tränen.« Sie mustert mich eindringlich.

Ihre Worte bringen meine Augen erneut zum Brennen. Es hilft nichts, es zu leugnen, also nicke ich. »Heimweh kann manchmal ganz schön hart sein.«

Abbys Miene wird traurig. »Du hast gesagt, dein Leben ist jetzt hier.«

»Aber das stimmt!« Ich drücke ihren Arm. »Trotzdem darf ich doch mein früheres Leben vermissen, oder nicht?«

Sie seufzt tief. »Ich denke schon.«

Ich zwinge ein Lächeln auf meine Lippen. »Glaub mir bitte, ich würde dies hier für nichts in der Welt eintauschen. Ich liebe dich, Abby. Gestern Nacht war … unglaublich. Oder nicht?«

Auch auf ihr Gesicht tritt ein kleines Lächeln. »Ja, das war es wohl.«

»Der ganze Abend, nicht nur der Sex. Ich hatte so viel Spaß im Gruselhaus. Ich mag unsere Dates und unsere Telefonate, wenn wir uns nicht sehen.« Ich lege vorsichtig die Arme um sie. »Ich mag dich, Abby. Und ich liebe dich. Das sind zwei verschiedene Dinge, weißt du?«

»Ich mag dich auch, Ethan. Und ich liebe dich, und ich finde dich sexy. Das sind drei verschiedene Dinge.«

Ich muss lachen und die quälenden Bilder von zuvor verblassen. »Ich finde dich auch sexy. Aber wenn ich jetzt darüber nachdenke, kommst du nie zur Arbeit und ich nie zur Uni.«

»Das wäre schlecht.« Sie befreit sich von mir, sperrt entschlossen ihr Handy und stopft es sich in die Hosentasche. »Ich brauche das Geld. Schließlich wollen wir zwei irgendwann zusammen nach England. Damit du kein Heimweh mehr haben musst.«

Und mit diesen Worten von ihr ist es mit meiner gerade wiedererlangten Gemütsruhe erneut vorbei.

11

Abigail

Die Glocke bimmelt, und ich werfe einen raschen Blick zur Tür. Ich bin nervös, abgelenkt. Ständig kreisen meine Gedanken um Ethan, aber neuerdings mehren sich die Momente, in denen ich an ihm und seiner Aufrichtigkeit zweifle.

»Abs«, spricht Dominic mich an und verstellt mir den Blick. »Hey? Alles in Ordnung?«

Ich lächle ihn an, spüre aber, dass mir kein aufrichtiges Grinsen gelingt. »Nein«, gebe ich zu. »Ich erwarte ...« Ja, was? Ich schüttele den Kopf und deute auf die Kundin, die an den Tresen herantritt und die Auslage betrachtet.

»Du benimmst dich sonderbar«, meint Dom und zieht dabei die Brauen nach oben. Er wirkt tatsächlich besorgt, und das macht mich noch nervöser.

Er lässt mich stehen, um die Kundin zu bedienen. Ich reinige geistesabwesend die Maschine und fülle schon mal Kaffee in den Siebträger.

»Zwei Soja-Latte«, ruft mein Chef mir zu, und ich führe die Handgriffe blind aus. Auch meine Kaffee-

Kunst, das Sacramento-Logo, kreiere ich, ohne wirklich mit den Gedanken dabei zu sein.

»Bitte schön«, flüstere ich und schaue der Frau nach.

»Also?« Dom lehnt sich neben mich an den Tresen und verschränkt die Arme vor der Brust. »Schatten im Paradies?«

Ich schnaufe. Ich bin mir nicht sicher, wie ich erklären soll, was in mir vorgeht.

»Das Leben ist nicht immer schwarz-weiß, weißt du?«

Ich will gar nicht wissen, welche Lebensweisheit er mir nun mitgeben will, und presche stattdessen vor: »Ethan ist merkwürdig!«

»Aha«, meint mein Chef gedehnt. »Merkwürdig also.«

Mir bleibt nur zu seufzen und meine Einschätzung zu erklären. »Weißt du noch, Halloween?«

»Das war letzte Woche«, meint Dom trocken. »Ich bin nicht so viel älter als du und leide auch nicht an einer frühen Form von Demenz.«

Ich verdrehe die Augen. »Ich spreche von Lindseys ungewöhnlicher Art, mit mir in Kontakt zu treten.«

»Die Verleumdungen?«, hält er dagegen und zuckt die Achseln. »Oder eher lose Hinweise, die dich an Ethan zweifeln lassen sollen.«

Ich seufze gedehnt. »Sie hat Erfolg.«

»Süße, lass sie nicht gewinnen.«

Ich kaue auf meiner Zunge herum, kann mich aber nicht bezwingen. »Er ist komisch«, beginne ich erneut. »Als er das Bild sah, wurde er übertrieben emotional. Er war direkt abwesend, und immer wenn ich ihn etwas über seine Heimat frage, blockt er ab.«

Dom nickt gewichtig. Es tut gut, dass er mir zuhört und meine Gefühle ernst nimmt, obwohl er deutlich auf Ethans Seite steht.

»Er behauptet, dass er seine Zukunft hier sieht, aber gleichzeitig sagt er auch, dass er seine Heimat vermisst.«

»Das ist kein Widerspruch«, mahnt Dominic. »Weißt du, was ich denke?«

Will ich wissen, was er denkt? Irgendwie nicht. Ich bin mir sicher, dass er mit seiner philosophischen Ader eine gute Erklärung für jegliches Problem der Welt finden würde und in diesem Fall sowieso nur auf mein mangelndes Selbstwertgefühl hinweisen wird. Dabei weiß ich längst, dass ich keine gute Meinung über mich habe und stärker daran arbeiten sollte. Ich bin offensichtlich interessant und sexy genug, dass ein Mann wie Ethan mich als Partnerin will. Ich sollte stolz auf mich sein und mich nicht ständig fragen, ob ich gut genug bin. Denn ich *bin* gut genug!

»Du fürchtest dich vor deinem Glück.«

Ich stoße den Atem aus. »Nein«, murmele ich. »Ich fürchte mich nicht –«

»Du denkst, dass alles zu gut ist, um wahr zu sein, und dass das dicke Ende noch kommt.«

Ich stocke in meinem Widerspruch und würge ihn herunter. »Vielleicht hast du recht«, räume ich widerwillig ein. »Ich liebe Ethan.« Hitze steigt mir bei diesem Geständnis in die Wangen. »Und ich befürchte, dass meine Bubble platzt und alles nur ein Traum war. Oder schlimmer.«

»Du willst nicht verletzt werden.« Dom schlingt den Arm um mich und drückt mich an sich. »Das will niemand, aber um wahres Glück zu erfahren, muss man Risiken eingehen.«

Ich tätschele seine Brust. »Das weiß ich ja.«

Meine Schicht ist zu Ende und ich stehe im Umkleideraum, wo ich meine Schürze weghänge und die Schuhe tausche. In zwei Stunden treffe ich mich mit Ethan, da er ab morgen wieder zu einem Auswärtsspiel abreist. Ich sehe in den Spiegel und blinzele. Da ist etwas an mir, das mir nicht gefällt. Meine Mundwinkel hängen herab, dabei sollte ich doch glücklich sein. Was ist nur los mit mir?

Ich wende dem verräterischen Spiegel den Rücken zu und greife nach meiner Tasche. Bevor Ethan zu mir kommt, muss ich noch aufräumen und Kondome besorgen. Einen Snack für den Fall, dass wir wieder nicht das Apartment verlassen und lange auf den Lieferservice warten müssen.

Ich trete hinter dem Tresen hervor, als die Glocke über der Tür einen Kunden ankündigt. Lindsey versperrt mir den Weg und grinst breit.

»Ah, da bist du ja.« Die Fröhlichkeit in ihrer Stimme schneidet mir ins Ohr. Eine Gänsehaut fährt mir über den Körper, und ich schlinge die Arme um mich. Oh, bitte nicht! »Ich dachte, ich zeige dir mein neues Projekt.« Sie strahlt nun regelrecht. »Du weißt schon, für die Uni.« Sie lacht und rollt dabei das Plakat aus, das sie in den Händen hält.

»Ich habe kein Interesse«, sage ich und versuche, an ihr vorbeizukommen. Aber sie blockiert den Weg und hält mir das Plakat förmlich unter die Nase.

»Doch, hast du!«

Ich will gar nicht hinsehen. Es interessiert mich nicht, schließlich bin ich nur so unglücklich, weil ich mich ständig mit dem letzten Bild, mit der letzten Nachricht von Lindsey befasse. Ich hätte sie blockieren sollen, aber bisher hat Lindsey mich nie zuvor angeschrieben oder mich auch nur markiert. Ich weiß irgendwo tief in meinem Inneren, dass sie nichts Gutes im Schilde führt. Aber wie das nun mal so ist: Ich kann nicht anders. Mein Blick fällt auf ihre Collage und natürlich auch auf das nur zu bekannte Gesicht in ihrem Zentrum. Ethan. Ich erkenne die englische Flagge – die britische natürlich, aber die Korrektur entfällt mir direkt wieder. Weitere Bilder umringen ihn. Ethan mit einer blonden jungen Frau im Arm. Ethan mit einem Jungen, der ihm zum Verwechseln ähnlich sieht. Ethan in einem Haufen rotwangiger Kerle mit verwuscheltem, feuchtem Haar.

»Was ist das?«, frage ich nervös.

»Ich habe etwas recherchiert«, behauptet Lindsey fröhlich und lässt das Plakat etwas sinken. Sie klemmt sich eine Ecke unter die Achsel und deutet auf Ethans grinsendes Gesicht. »Wusstest du, dass Ethan eine Freundin hat?«

Mir läuft es eiskalt den Rücken hinab.

»Sie heißt Jane, ist Physiotherapie-Studentin und wartet sehnsüchtig auf seine Rückkehr.« Die Zufriedenheit in Lindseys Miene dreht mir den Magen um. »Ich habe mit ihr geschrieben.«

Ich schlucke und meine, an dem Kloß in meinem Hals zu ersticken. »Das ist Unsinn«, sage ich mit schwankender Stimme. Ich balle die Fäuste. »Ich habe kein Interesse! Kümmere dich um deinen eigenen Scheiß!« Ich stoße sie zur Seite und reiße die Tür auf. Ich zittere am ganzen Körper und bekomme das Bild der Blondine nicht aus dem Kopf.

»Sie ist seit drei Jahren mit ihm zusammen«, ruft Lindsey mir nach. »Sie heißt Jane Brooks. Frag ihn doch mal nach ihr!«

Ich haste weiter, achte nicht auf den Weg und laufe daher in die völlig falsche Richtung. Mein Herz schlägt mir bis zum Hals, und mir ist übel. Sie lügt. Sie muss lügen. Ethan liebt mich.

Ich schluchze und bleibe stehen.

»Hey«, spricht mich jemand an. »Wo willst du denn hin?«

Ich wische mir die Tränen aus den Augen und sehe zur Straße. Ein quietschgelber Cadillac steht mit brummendem Motor direkt neben mir, die Scheiben sind herabgelassen, und es ist nicht schwer, Cooper auf dem Fahrersitz zu erkennen. Er mustert mich.

»Alles in Ordnung?«, fragt er misstrauisch. »Er macht keinen Mist, oder?«

»Was geht dich das an?«, halte ich dagegen. Cooper ist sicher der Letzte, mit dem ich über meine Gefühle sprechen würde. Nun, vermutlich der Vorletzte, denn Claire kann mir schließlich privat ebenfalls gestohlen bleiben.

Cooper schnaubt. »Steig ein.« Er beugt sich vor und stößt die Beifahrertür auf. »Ich muss eh mit dir reden.«

Ich lache auf. »Ja, träum weiter.« Ich marschiere stur die Straße hinab und merke nun, dass ich völlig falsch bin. Meine Wohnung liegt in der entgegengesetzten Richtung, und der Target, in dem ich in der Regel einkaufe, befindet sich ebenfalls nicht in dieser Gegend.

»Hey!«, meldet sich Cooper wieder zu Wort. Er hat gedreht und befindet sich nun auf der anderen Straßenseite. »Von dir träume ich sicher nicht«, ruft er laut. »Aber eine Entschuldigung ist wohl angebracht.«

»Steck sie dir sonst wohin.« Ich mache kehrt und laufe nun die Straße herunter.

Nach wenigen Metern hält Cooper wieder neben mir. Dieses Mal steigt er aus und schneidet mir den Weg ab. »Was ist dein Problem, Sis?« Er stemmt die Hände in die Hüfte und verengt die Augen. »Steig ein, Mann. Wenn Ethan dich schlecht behandelt, ist das nicht mein Fehler.«

»Ha!«, belle ich und unterdrücke das Verlangen, ihm meine Tasche ins Gesicht zu schlagen. »Du bist der Arsch hier. Du und deine Scheiß-Flamme! Der ist genauso schlimm wie seine bescheuerte, miese Giftspritze von Schwester! Ein Creep!« Ich mustere ihn voller Abscheu. »Aber das passt ja zu dir! Du hast gewusst, dass ich vor der gesamten Mannschaft aus der Torte springen muss. Das hast du so geplant!«

»Wow, komm runter, Baby!«

Ich schnaufe und stürme auf ihn zu. Allerdings habe ich keine Chance, an dem Quarterback vorbeizukommen, er tackelt mich einfach und schiebt mich zu seinem Auto.

»Rein mit dir, wir klären das wie Erwachsene.«

»Ja, sehr erwachsen, jemanden zu zwingen!« Ich boxe ihm in den Magen, aber er scheint das gar nicht zu bemerken.

Cooper öffnet die Tür. »Rein mit dir. Du bist schlimmer als all meine Brüder zusammengenommen. Ich frage mich wirklich, wie Claire es mit dir aushält.«

Ich schnaufe wieder. Mein Ärger vertreibt zumindest meine Tränen, und ich recke das Kinn. Neben ihm bin ich ein Zwerg, und er hat bereits gezeigt, wie wenig ich ihm körperlich entgegenzusetzen habe. Das ist schon beängstigend, aber ich weiß, dass Coopers Interesse einzig auf Männern liegt, deswegen bin ich nicht eingeschüchtert. Ich sehe den besten Freund meiner großen Schwester schlicht an. Ich kenne ihn seit guten fünfzehn Jahren, habe sein Coming-out beklatscht und mich für ihn gefreut, als er in die College-Mannschaft aufgenommen worden ist.

»Es tut mir leid, okay?«, knirscht er. »Ich dachte, das ist Show!« Er verdreht die Augen. »Ich war mir sicher ...« Er dreht sich weg und fährt sich durch den Schopf. »Das war eine Fehleinschätzung, und das tut mir leid.«

»Du hast mich in eine Situation gebracht, die ...« Ich kann nicht einmal in Worte fassen, wie schrecklich der Moment für mich gewesen ist: erniedrigend, beängstigend, und dann wurde ich auch noch sexuell belästigt! Ich presse lediglich die Lippen zusammen und schüttele den Kopf.

»Das war ein Kuss«, murrt Cooper. »Echt nichts, was einen aufzuregen braucht.«

»Ich wollte aber nicht geküsst werden!«, stelle ich klar. »Claire hat mich in diese Sache hineinkatapultiert, und du hast einfach zugesehen, wie der Creep mich belästigt. Es kann dich nicht wundern, dass ich dir nicht genug vertraue, um zu dir ins Auto zu steigen.«

Cooper dreht sich wieder zu mir um. Er mustert mich mit gerunzelter Stirn. »Komm schon, du bist wie eine Schwester für mich. Der Gedanke, dich ...« Er verzieht angeekelt die Miene. »Nee. Im Leben nicht.«

»Ja, danke, geht mir auch so!«

»Gut, da das geklärt ist: Steig ein. Ich bringe dich nach Hause.«

»Ich finde den Weg.« Immerhin muss ich nur die Straße hochgehen, auch wenn es eine verflucht lange Straße ist. Ich seufze und gebe nach, ziehe die Tür zu und schnalle mich an.

Cooper wirft mir einen undeutbaren Blick zu, als er zusteigt, und startet den Wagen. »Claire sagt, dass sie dich seit Wochen nicht gesehen hat. Ich habe ihr versichert, dass es an deinem ausufernden Liebesleben liegt, aber sie denkt ...« Wieder ein Blick, der mich wohl abschätzen soll. »Tja, sie denkt, dass du sie nicht sehen willst.«

Dann hat Claire das Memo wohl bekommen. Ich verschränke die Arme vor dem Bauch und sehe angestrengt aus dem Seitenfenster.

»Also? Wie wäre es, wenn du sie beruhigst?«

»Kann ich nicht«, gebe ich brummig zu. »Denn sie hat recht.«

»Werd erwachsen«, murmelt Cooper.

»Ich *bin* erwachsen.« Wir fahren am Coffee&Dreams vorbei und ich muss wieder an Lindsey denken.

»Nein, du benimmst dich kindisch und unreif.«

Ich balle die Fäuste. Mir ist es egal, was er von mir denkt. Es ist mir sogar egal, was Claire von mir denkt, trotzdem schmerzen mich seine Worte. Sie sind falsch und ungerecht. »Was weißt du über Ethan?«

»Wie bitte?«

Ich stoße den Atem aus. Die Frage war als Ablenkung gedacht, damit ich nicht mehr über meine Schwester reden muss. Aber so betrachtet ist es eine gute Gelegenheit. Cooper ist sicher eine verlässlichere Quelle als Lindsey. »Was weißt du von ihm?«, wiederhole ich also und sehe zu Claires BFF hinüber. »Woher kommt er, was hat er da gemacht und ... wie sah sein Umfeld aus?« Zu direkt will ich nicht nach einer Freundin fragen.

Cooper reißt die Augen auf. »Woher soll ich das wissen?«

»Ihr werdet reden.« Ärger keimt in mir auf. Kann es sein, dass Ethan mit niemandem je über seine Vergangenheit spricht? Warum? Das ist doch absolut *strange*.

Cooper schnaubt. »Klar reden wir, aber doch nicht über ... *sein Umfeld*. Wie das schon klingt!«

»Über seine Freundin vielleicht?« Ich bekomme die Worte kaum über die steifen Lippen. Ich fühle mich auch sonst eher starr und kalt. Ich bewege meine Finger. Die Gelenke schmerzen.

»Über dich? Na, wer braucht das?« Cooper grunzt. Mein Wohnhaus taucht vor uns auf, und er hält am Straßenrand. Er dreht sich auf seinem Sitz und mustert mich. »Was ist los, Abby? Was hat er angestellt?«

»Das will ich ja herausfinden! Aber du bist nicht hilfreich.«

Cooper presst die Lippen zusammen und schüttelt den Kopf. »Mach mich nicht dafür verantwortlich, dass du einen schlechten Geschmack bei Kerlen hast. Mensch, der frisst seine Pommes mit Essig!« Er verdreht die Augen. »Will nicht wissen, was der noch für *kinks* hat.«

»*Ich* habe den schlechten Geschmack?« Das ist echt die Höhe! »Es war *dein* Schwarm, der mich belästigt hat!« Ich hebe die Hände. Mein Kopf schwirrt, mir wird alles zu viel. Ich will nichts weiter ausdiskutieren. Absolut gar nichts, denn plötzlich bin ich wieder traurig. Und müde. Meine Lider sind so schwer, dass ich sie schließen muss.

»Ja«, grummelt Cooper. »Er ist …«

Ich reiße mich mühsam zusammen. »Du weißt also gar nichts über Ethan?«

Er verdreht die Augen. »Die Coaches sind begeistert von ihm. Sein Rugby-Training scheint ihn vielseitig einsetzbar zu machen. Er spricht manchmal von Rugby, aber die Regeln sind irre.«

»Was ist mit seiner Freundin?«, hake ich erneut nach und hoffe, dass Cooper mir versichert, dass Ethan noch nie von einer anderen Frau gesprochen hat. Aber er schweigt. Mein Magen geht auf Talfahrt und ich presse die Lippen aufeinander. Das darf nicht wahr sein! Ethan ist kein Lügner. Ich stoße die Tür auf und will aussteigen, aber ich habe mich noch nicht abgeschnallt und werde daher direkt zurückgerissen. Meine Brust schmerzt, wo der Gurt mir ins Fleisch schneidet. Hastig befreie ich mich.

»Abby.« Cooper greift nach meinem Handgelenk. »Soll ich ihn aufmischen?«

Ich blinzele, weil ich ihn nicht gleich verstehe. Dann lache ich schrill. »Nein! Natürlich nicht!«

Er lässt mich los, und ich rutsche ungelenk aus dem Wagen. Es ist ein Wunder, dass ich nicht auf dem Boden lande und auf einigermaßen geradem Wege bis zur Haustür komme.

»Hey«, ruft Cooper mir zu. »Wenn du deine Meinung änderst, sag Bescheid!«

Der Kaffee ist kalt. Ich weiß nicht, warum ich ihn überhaupt gemacht habe, schließlich ist mir weder nach Kaffee noch danach, irgendetwas anderes zu mir zu nehmen. Es klingelt, und ich schrecke auf.

Mein Herz pumpt hart in meiner Brust, und einen Moment lang kann ich lediglich Richtung Tür starren. Es klingelt wieder, und gleichzeitig geht eine Nachricht auf meinem Handy ein.

Mit zittrigen Fingern greife ich nach dem Telefon und öffne den Chat.

Bist du zu Hause? Oder soll ich dich aus dem Café abholen?

Ich will dich nicht sehen, tippe ich.

Dann lösche ich die Worte wieder. Obwohl ich fast eine Stunde Zeit zum Nachdenken hatte, weiß ich immer noch nicht, wie ich mit Ethan umgehen soll.

Ich mache mich hier völlig umsonst verrückt, aber sooft ich mir auch sage, dass alles gut ist, ich glaube mir selbst nicht. Ich stehe auf und schleppe mich zur Tür, um ihm zu öffnen. Er braucht nicht lange, um in mein Stockwerk zu gelangen, und grinst mich bereits vom Treppenabsatz aus an. Dann ist er bei mir und will mich in die Arme ziehen, aber ich drücke ihn direkt von mir fort.

Ich will nicht, dass er hereinkommt.

»Was ist?«, fragt Ethan alarmiert. »Was ist passiert?« Er umfasst meine Ellenbogen. Seine Daumen und Zeigefinger graben sich fast schmerzhaft in mein Fleisch. »Abby?«

Mein Magen schlingert. Es gehen mehrere Zimmer von diesem Flur ab, und die Wände sind dünn. Wenn ich nicht will, dass die gesamte Etage mitbekommt, was wir zu besprechen haben, muss ich ihn wohl einlassen. Ich löse seinen Griff und deute in meine Wohnung.

Er zögert nun. Ist er blasser als sonst? Langsam geht er an mir vorbei und dreht sich zu mir um, als ich die Tür schließe. »Was ist los?«, fragt er tonlos.

»Ich bin müde«, erwidere ich, nicht sicher, wie ich agieren soll. Ethan direkt konfrontieren? Oder lieber erklären, was in mir vorgeht? Aber hält er mich dann nicht für hysterisch? Ich darf nicht auf das hören, was Lindsey von sich gibt. Diese Schlange will nur, dass wir uns trennen, und ich spiele ihr hier in die Hände.

»Abby?«, flüstert Ethan und kommt auf mich zu. »Bitte sag mir, was los ist.«

Ich muss ihm vertrauen, also hebe ich den Blick. »Hast du in England eine Freundin?«

Er blinzelt, dann lacht er. »Nein. Abby, es gibt nur eine Frau für mich, und das bist du.« Ethan zieht mich an sich und küsst mich sanft. »Wie kommst du nur auf so einen Quatsch?«

»Wer ist Jane Brooks?«

Ich spüre, wie er erstarrt, und mein Magen sackt gleich noch einmal ab. Ich schließe die Augen und erwarte seine Lüge. Nein! Seine Richtigstellung. Er lügt nicht! Ethan ist ein aufrichtiger Mensch. Er weiß, was mir die Wahrheit bedeutet! Er würde mich niemals anlügen.

Sag es!

»Jane«, murmelt er. »Das ist vorbei. Wir haben uns schon getrennt, bevor ...«

Ich spüre, dass er sich nun noch mehr anspannt. »Bevor was?«

»Bevor ich beschloss«, krächzt er und räuspert sich, »in die USA zu kommen.«

Er atmet doch schwer!

Aber was bedeutet das?

Ich horche in mich hinein. Da hallt etwas in mir. Die Leere, die mich schon so lange verfolgt. Seit ich begriffen habe, dass ich als Alibi für meine Mutter herhalten musste, während sie meinen Vater betrog.

Das war ein bitterer Moment, und ganz ähnlich fühlt sich dieser Augenblick an. Mein Hals zieht sich zu, und ich kämpfe mit den Tränen.

»Das ist wirklich lange vorbei, und ich habe für sie auch nicht so stark empfunden wie für dich, Abby.« Er schiebt mich leicht von sich und sucht meinen Blick. »Ich liebe dich.«

Das tut weh. Mein Herz zieht sich zusammen, und ich meine, keine Luft mehr zu bekommen. »Ich weiß, dass du nicht ehrlich zu mir bist.«

Da ist er wieder, dieser Gesichtsausdruck. Ethan hat schon einmal genau so ausgesehen, so abwesend, so geschockt und erstarrt. Damals habe ich ihm das Bild gezeigt, das Lindsey mir mit einem kryptischen Text geschickt hat. Das Bild, das seine alte Rugby-Mannschaft zeigt.

Es dämmert mir, dass er auf frischer Tat ertappt wirkt. Schuldig. Ich löse mich von ihm.

»Ich bin ...« Er bricht ab und senkt den Blick. Er schluckt sichtlich. »Abby, wir haben Schluss gemacht. Ich schwöre dir, dass du die Einzige für mich bist. Bitte glaube mir doch!«

Nun bin ich mir sicher, dass ich tatsächlich keine Luft bekomme. Ich möchte zum Fenster stürmen und es aufreißen, aber ich weiß ja, dass das nicht hilft.

»Abby.« Ethan streckt die Hände nach mir aus. »Ich liebe dich.«

»Ich liebe dich auch, Ethan«, krächze ich. Mir schwindelt und ich meine, in ein tiefes, schwarzes Loch zu fallen. »Aber ich glaube dir nicht.«

Er wirkt fassungslos. Die Augen weit aufgerissen, schüttelt er den Kopf. »Abby, ich schwöre dir, dass es für mich nur dich gibt, seit wir uns begegnet sind! Ich will keine andere. Ich bin wahnsinnig glücklich mit dir!«

Ich will nach ihm fassen, die Arme um ihn schlingen und ihm versichern, dass ich auch glücklich mit ihm bin, aber das wäre eine Lüge. Ich weiß, dass irgendetwas nicht stimmt. Dass es irgendetwas gibt, was Ethan mir nicht sagt, und das beunruhigt mich. »Hast du wirklich vor, in Amerika zu bleiben? Bist du hier, weil du wirklich Football spielen willst anstatt Rugby? Weil du hier tatsächlich bessere Aussichten hast?«

Da ist etwas in seinem Blick, das mir endgültig das Herz bricht. Ich kann es nicht benennen, aber das Gefühl bleibt, dass er lügt.

»Ja!«, haspelt er kaum verständlich und läuft rot an. »Ja, ich will hierbleiben. Hier ist jetzt mein Leben! Das ist jetzt mein Sport. Das ist in Ordnung so. Ich habe das akz...« Er klappt den Mund zu, und seine Zähne schlagen laut aufeinander.

»Akzeptiert«, hauche ich. Das klingt nicht gewollt. Das klingt erzwungen, und damit war alles andere doch gelogen. Er will nicht hierbleiben, er muss. Auch wenn ich nicht verstehe, warum ich mir dieser Tatsache nun so sicher bin, bleibt mir keine andere Wahl, als zu mir selbst zu stehen.

»Abby«, wispert er. Schmerz schwingt in seiner Stimme mit. »Bitte.«

Ich hebe den Blick, verhake ihn mit seinem. »Du bist ein Lügner.«

Er schließt die Lider für einen kurzen Moment. »Abby, es ist keine Lüge. Ich liebe dich. Das ist die Wahrheit. Ich bin hier und bleibe hier. Football ist jetzt mein Sport. Bitte verlass mich nicht.«

Mein Shirt klebt mir am Körper. Mein Hals ist rau, und ich fühle mich, als wäre ich hundert Jahre alt. »Ich glaube dir nicht.«

Ethan legt sich die Hände vor das Gesicht.

»Ich weiß nicht, was genau du verheimlichst, aber ich weiß, dass du nicht aufrichtig bist. Ich kann ...« Doms Mahnung kommt mir in den Sinn, mein Glück nicht fortzuwerfen, weil ich Angst habe. Ich schlucke und ändere meine Worte etwas ab. »Ich weiß nicht, ob ich damit umgehen kann.« Ich schlinge die Arme um mich.

»Ich brauche Zeit, um mir darüber klar zu werden, ob das mit uns überhaupt Sinn hat.«

»Bitte mach nicht Schluss.«

Ich weiß einfach nicht, was ich noch sagen soll, also stehe ich da, den Kopf gesenkt, und leide. Ich weiß, dass Ethan mich belügt, aber auch, dass er ebenfalls leidet. Und das macht alles einfach unerträglich.

12

Ethan

Wir haben das Spitzenspiel der Saison knapp gewonnen, aber ich kann mich nicht freuen. Obwohl ich die Vorarbeit zum entscheidenden Touchdown geleistet habe. Immerhin im Sport läuft es für mich. Der Rest ...

Seit sich Abby von mir zurückgezogen hat, fühlt sich meine Kehle ständig wie zugeschnürt an. In meiner Brust scheint ein Loch zu klaffen. Es war doch alles so schön! Wir harmonieren – körperlich und geistig. Wir können zusammen lachen. Wie kann sie das wegwerfen?

Sie hat nicht ausgesprochen, dass wir kein Paar mehr sind, aber sie reagiert nur sporadisch auf meine Nachrichten und geht nie ans Telefon, wenn ich anrufe. Ich war noch einmal im Café, bevor wir zum Auswärtsspiel gefahren sind, doch sie war nicht da. Oder ihr Chef hat mich belogen, ich weiß es nicht. Ich weiß nur, dass ich Abby vermisse.

Dabei habe ich nicht gelogen! Das mit Jane ist lange vorbei. Die Erwähnung ihres Namens hat nur die Erinnerungen zurückgebracht an die Zeit im Team, mit den Jungs ... Jane als eine unserer Physios war immer dabei.

Und ja, ich hatte sie gern, aber es ist nicht vergleichbar mit dem, was ich für Abby empfinde.

Ich sollte ehrlich mit ihr sein, nicht nur, was Jane angeht, sondern auch in Bezug auf die andere Sache. Wenn ich es nicht bin, verliere ich Abby auch! Warum kann ich mich ihr nicht öffnen?

Weil das, was ich getan habe, zu schlimm ist. So schlimm, dass ich nicht mehr daran denken will, nicht daran denken *kann*! Die ganze Wahrheit über meine Flucht aus England preiszugeben, würde jede Chance auf dieses neue Leben, das ich mir hier aufbaue, zerstören. Abby würde nicht nur endgültig Schluss machen, sondern es ihrer Schwester erzählen, diese ihrem BFF Cooper ... und schon macht die Geschichte im ganzen Team die Runde. Ich wäre draußen, ehe ich wüsste, wie mir geschieht. Wer holt sich schon ein Kameradenschwein ins Nest? Einen Betrüger ... Das Risiko geht doch kein Coach ein, davon abgesehen, dass es die Teamdynamik zerstören würde. Ich mag die Jungs wirklich, fast alle von ihnen. Ich mag den Sport, auch wenn Rugby meine erste Liebe ist und bleibt. Hier habe ich eine Chance und darf sie mir einfach nicht versauen. Ich liebe Abby, aber gerade weil sie so unfassbar ehrlich ist und jegliche Art von Unwahrheit verabscheut, bin ich sicher, dass sie nicht schweigen würde. Das Risiko kann ich nicht eingehen. Was sollte ich Joey erzählen, wenn ich aus dieser Mannschaft fliege? Und wo sollte ich dann hingehen? Wären meine Zukunftsaussichten an irgendeinem Ort anders? Hätte ich überhaupt die Kraft für noch einen Neuanfang?

Ohne Abby?

Ein Ellenbogen wird mir in die Seite gerammt. »Hey, Mann. Hörst du überhaupt zu?«

Verwirrt sehe ich zu Leroy rüber. »Was?«

»Ich rede mit dir!«

»Sorry, ich ... habe die Landschaft bewundert.« Ich deute aus dem Fenster, wo sich neben dem Highway endlose abgeerntete Felder dahinziehen, nur hier und da unterbrochen von einer Baumgruppe und in der Ferne einem Berg. Tiefstes ländliches Nevada.

»O ja, sehr spannend.« Leroy lacht auf. »Dir bleiben noch fünf Stunden zum Bewundern. Jetzt hör mir aber mal zu.«

Ich ziehe einen Mundwinkel hoch. Mehr Lächeln bringe ich nicht zustande. »Okay. Was gibts?«

Mein Kumpel verdreht die Augen. »Du bist unerträglich, seit deine Liebste rumzickt.«

»Sie zickt nicht rum!«, begehre ich auf.

»Du weißt, was ich meine.«

»Ja, weiß ich. Aber trotzdem. Willst du, dass irgendwer sagt, Keisha zickt rum?«

»Meine Süße tut so was ja nicht.«

Jetzt verdrehe ich die Augen. »Du Glücklicher.«

»Aber mal ehrlich, mein Freund. Was hast du nun vor?«

Ich runzele die Stirn. »Was meinst du?«

»Boah, bist du schwer von Begriff? Was unternimmst du wegen Abby?«

»Was soll ich denn unternehmen?« Ich hebe die Schultern und blicke wieder aus dem Fenster. Ich kann nichts tun. Wie soll ich auch zwischen Pest und Cholera wählen? Es gibt keinen Ausweg. Abby bin ich so oder so los. Ich muss den Weg wählen, der die wenigsten Menschen verletzt, und das bedeutet, zu schweigen. »Ich kann nichts machen.«

»Aber klar kannst du! Kämpfe um sie!« Leroy rüttelt mich an der Schulter. »Hey, sieh mich an.«

Ich schaue in sein offenes, leicht besorgtes Gesicht.

»Du kannst mit mir reden. Über alles. Ich hoffe, das weißt du.«

Ein tiefes Seufzen entfährt mir. Wenn er wüsste … »Danke, Mann. Aber es gibt nichts zu reden. Sie hat irgendein Problem mit mir, und ich weiß einfach nicht, wie ich dagegen ankommen soll.«

»Red Klartext. Ich versteh kein Wort.«

Und die nächste Lüge. »Sie glaubt, dass ich ihr etwas verheimliche. Das tue ich nicht, aber sie lässt nicht locker. Und solange sie denkt, dass ich lüge, wird sie mir keine Chance geben. Sie verabscheut Lügner.«

Leroy zieht die Augenbrauen hoch. »Das scheint mir ein Sie-Problem zu sein.«

»Ja, aber damit wird es zu meinem.«

Er denkt einen Moment nach. »Dann erzähl ihr irgendwas. Irgendein *Geheimnis*. Denk dir was aus, was nicht so schlimm ist, dass sie dich deswegen verlassen müsste. Sie denkt dann, dass du ehrlich bist – und du bist vom Haken.«

Ich will sofort abwehren, aber ich stocke. Wäre das eine Lösung? Ihr irgendwas zu erzählen und dann daran zu arbeiten, meine Reaktionen auf alte Bilder oder triggernde Wörter besser zu kontrollieren?

Nein. Ich kann sie doch nicht anlügen! Also … nicht noch mehr, als ich es ohnehin tue. Außerdem wäre sie mir schon auf die Schliche gekommen, noch ehe ich zu Ende gesprochen hätte.

»Sie würde es merken«, antworte ich deshalb. »Sie ist ein menschlicher Lügendetektor.«

Leroy runzelt die Stirn. »Dann hat sie recht und du verheimlichst ihr wirklich was? Alter, das geht nicht! So kannst du keine glückliche Beziehung aufbauen.«

»Nein, nein, ich verheimliche nichts! Sie ...« Ich suche verzweifelt nach einer Ausrede. »Sie deutet nur die Zeichen falsch. Ich hab Heimweh, ja, und das hab ich ihr auch gesagt. Sie denkt nun aber, dass ich irgendwann zurückwill. Dass ich gar nicht wirklich hier leben möchte. Sie denkt, ich lüge deswegen.«

»Das ist alles?«

Ich zucke mit den Schultern. »Anscheinend.«

»Das ist doch Kindergarten. Sie schießt übers Ziel hinaus.«

»Und zerstört damit eine glückliche Beziehung«, füge ich tonlos hinzu.

»Außerdem ist sie doch gar kein Lügendetektor. Wenn sie es wäre, hätte sie ihrer Schwester nicht geglaubt, dass ihr Tortenauftritt harmlos sein würde. Du kannst sie überzeugen, ganz sicher! Claire hat es doch auch geschafft.«

»Claire kennt sie schon ihr Leben lang. Die weiß sicher, welche Knöpfe sie drücken muss.«

»Vielleicht redest du mal mit Claire?«

»Was, wenn sich Abby schon bei ihr ausgeheult hat? Die reißt mir doch den Kopf ab, weil ich ihrer kleinen Schwester wehgetan habe.«

»Hey, Coop!«, ruft Leroy über die Schulter nach hinten. »Hat die Schwester deiner BFF euch die Tortensache inzwischen verziehen?«

»Nicht, dass ich wüsste«, schallt es zurück. »Vor ein paar Tagen war sie jedenfalls noch ziemlich schlecht auf Claire zu sprechen.«

Leroy grinst mich an. »Siehst du? Vielleicht könnt ihr euch verbünden, um Abby zurückzugewinnen.«

Die nächsten fünf Stunden starre ich auf vorbeiziehendes Ödland und grüble über diese Möglichkeit. Als wir in Sacramento ankommen, hat sich der Plan in meinem Kopf verfestigt: Ja, ich werde um Abby kämpfen. Ich muss! Sie ist die Frau meines Lebens, das weiß ich einfach.

»So, du bist also der Retter meiner kleinen Schwester.« Claire Giroud zieht die Augenbrauen hoch. »Vielen Dank. Du hast dafür gesorgt, dass unser kleiner Scherz nicht komplett nach hinten losgegangen ist.«

Cooper schnauft unglücklich. »Doch, ist er.«

Claire tätschelt seinen Arm. »Du wusstest, dass die Chance gering ist, Schatz. Aber immerhin ist niemand verletzt worden – außer deinem Ego.«

»Es geht nicht um mein Ego!«, ruft mein Mannschaftskamerad. »Mein Herz ist gebrochen.«

Wir sitzen im Burger Haven, eine Riesenportion Fritten vor uns in der Mitte des Tisches. Ich lausche der Unterhaltung der beiden, stopfe zu viel in mich hinein – dabei schmeckt das Zeug nicht mal, aber als ich nach der Essigflasche gefragt habe, wurde ich in Grund und Boden geschrien – und betrachte Claire. Die Ähnlichkeit mit Abby ist groß genug, um wehzutun, dennoch unterscheiden sie sich deutlich. Claires Haar ist glatt und eine Nuance dunkler, auch ist sie etwas größer und wirkt eine Spur kräftiger. Außerdem scheint Claire viel gefestigter, selbstbewusster und fröhlicher. Sind es nur die paar Jahre Altersunterschied, die den Unterschied ausmachen? Oder haben sie ihre Kindheit wirklich so verschieden erlebt, dass die eine als stabile Persönlichkeit herausgekommen ist und die andere als unsicheres, vorsichtiges und nachdenkliches Geschöpf, als eine Frau, die zwar in ihrer Kunst und ihrer Arbeit absolut professionell ist, aber in zwischenmenschlichen Beziehungen ihren eigenen Wert nicht kennt und sich eher zurückzieht, als Missstände zu klären?

Claire stopft sich eine Fritte in den Mund. »Jedenfalls«, nuschelt sie, während sie kaut, »ich muss das mit Abs hinbiegen. Und du auch, wie mir scheint.« Sie deutet mit der nächsten Fritte auf mich. »Coop sagt, du benimmst dich unerträglich.«

»Das kann ich wohl nicht leugnen. Ich ... Sie fehlt mir wirklich.«

»Mir auch«, sagt Claire. »Ich habe den Vorteil, dass sie für mich arbeitet. Sie muss also irgendwann wieder persönlich mit mir reden.«

»Mit mir nicht«, gebe ich düster zurück.

»Dann verabrede ich mich mit ihr, und du kommst zufällig ...«

»Nein«, falle ich ihr ins Wort. »Auf keinen Fall. Wenn wir sie austricksen, bestätigen wir ihr nur, dass wir unehrlich sind.«

»Da hat er recht«, meint Cooper.

»Ach, das merkt sie gar nicht.« Claire grinst. »Wenn wir es geschickt anstellen.«

»Da mache ich nicht mit«, sage ich fest.

Sie verdreht die Augen. »Du willst doch mit ihr reden. Und wenn sie es anders nicht zulässt ...«

»Ich trickse Abby nicht aus!«

Claire lacht auf. »Und sie denkt, du bist unehrlich? Meine Güte, auf mich wirkst du wie die Aufrichtigkeit in Person.«

Meine Kehle schnürt sich noch weiter zu. Die Aufrichtigkeit in Person. Ja, das wäre ich gern. Es entspricht meinem Naturell. Nur leider haben mich die Umstände und meine falschen Entscheidungen zu etwas anderem gemacht. »Ich verheimliche ihr nichts, was unsere Beziehung betrifft«, krächze ich.

Cooper mustert mich mit gerunzelter Stirn. »Aber etwas anderes?«

»Nein«, antworte ich schnell und fühle Hitze in mein Gesicht steigen. Ich muss vorsichtiger sein!

»Stehst du am Ende auch auf Männer?«, fragt er, wackelt anzüglich mit den Augenbrauen und legt mir eine Hand auf den Arm.

Ich schüttele ihn ab. »Nein, und wenn ich es täte, wärest du nicht meine erste Wahl. Test der sexuellen Präferenz. Du hast echt einen an der Waffel.«

Er hebt die Schultern. »Es war ein Versuch.«

»Zurück zum Thema, Jungs.« Claire wischt sich die fettigen Finger in einer Serviette ab. Cooper hat auch schon aufgehört zu essen, also angele ich mir die Essigflasche vom Nebentisch und würze die letzten paar Fritten. Die beiden verziehen angewidert das Gesicht, lassen mich aber in Frieden essen. Der vertraute Geschmack ist irgendwie tröstlich. »Ich verabrede mich mit Abby und biete ihr einen Auftrag an. Sie wird zusagen, weil sie sicherlich das Geld braucht.«

Eifersucht überschwemmt mich. »Du lässt sie aber nicht wieder halb nackt –«

»Natürlich nicht«, schneidet mir Claire das Wort ab. »Abby gestaltet Dekorationen für meine Auftritte und Themenpartys. Ich muss einen Junggesellenabschied ausrichten –«

»Mit Stripperin?«, rufe ich aufgebracht. »Aber nicht Ab–«

»So ein Quatsch! Ich –«

Coopers flache Hand donnert auf den Tisch, dass der Frittenteller hüpft. »Hört ihr zwei mal auf, einander die ganze Zeit zu unterbrechen? Das ist ja unerträglich!« Er starrt mir ins Gesicht. »Claire hat doch schon gesagt, dass Abby Dekorationen herstellt. Also halt die Backen und hör zu.« Er sticht mit einem Finger in Claires Richtung. »Weiter!«

»Wow, so männlich!« Claire grinst Cooper an. »Pass auf, gleich wird Ethan doch noch scharf auf dich.«

»Nee, der steht auf introvertierte, verklemmte Mädchen«, brummt Cooper.

»Hey, rede nicht so über meine kleine Schwester. Sie ist nicht verklemmt.«

»Im Gegenteil«, entfährt es mir, weil ich unvermittelt daran denken muss, wie Abby bei unserem letzten Zusammensein die Initiative ergriffen hat. Meine Wangen werden noch wärmer.

»Eww, keine Details.« Claire schüttelt sich. »Ich will nicht wissen, was meine Kleine im Bett treibt.«

»Das werde ich euch auch nicht erzählen. Aber ihr könnt mir glauben, dass sie nicht so prüde ist, wie sie vielleicht wirkt.« Ich seufze tief. »Wenn sie Vertrauen gefasst hat.«

»Tja, und da hätten wir das Problem.«

»Warum ist Abby so anders als du?«, platze ich heraus.

»Du weißt doch gar nicht, wie ich bin.«

»Mit allen Wassern gewaschen offenbar, wenn du es mit dem da aushältst.« Ich deute mit der letzten Fritte auf Cooper und schiebe sie mir dann in den Mund. »Und gern halb nackt aus Torten hüpfst«, nuschele ich und spüle mit meiner Cola nach.

Claire lacht. »Da hast du recht. Ich bin alles andere als introvertiert. Und ich habe tatsächlich keine Vertrauensprobleme. Die Gründe dafür liegen in Abbys Kindheit.«

»Hattest du nicht die gleiche Kindheit?«

Sie hebt die Schultern. »Irgendwie schon. Aber auch wieder nicht. Ich war eben schon älter, als sich unsere Eltern getrennt haben.«

»Das kann doch nicht alles sein.«

»Erzähl es ihm«, sagt Cooper. »Vielleicht hilft es ihm, Abby zu verstehen.«

Claire seufzt. »Ich weiß etwas über unsere Eltern, das Abby nicht weiß. Sie wäre am Boden zerstört, wenn sie es erführe. Also verschweige ich es ihr. Die Kehrseite der Medaille ist, dass sie glaubt, sie wäre von unserer Mutter als Alibi für deren Seitensprünge missbraucht worden.«

»Dann war das gar nicht der Fall? Und sie trägt diesen Hass auf jegliche Unehrlichkeit ohne Grund mit sich herum?«

Abbys Schwester runzelt die Stirn. »Nun, grundsätzlich ist es nichts Schlechtes, auf der Wahrheit zu bestehen. Oder siehst du das anders?«

»Natürlich nicht! Ich habe nicht vor, sie zu täuschen, falls du das denkst.« Nicht mehr, als ich es ohnehin schon tue.

»Gut, also: Ich habe den Auftrag, einen Junggesellenabschied mit dem Thema *Eine Nacht in Las Vegas* zu gestalten. Abby muss mir jede Menge Casino-Deko basteln. Kreatives Zeug, nicht das, was man in jedem Party-Store bekommt. Sie ist richtig gut darin!« Claire zwinkert mir zu. »Und keine Sorge, die knapp bekleidete Croupière gebe ich selbst. Ich treffe mich also mit Abby, um den Auftrag zu besprechen, und dann stecke ich ihr, dass Cooper mir erzählt hat, wie schlecht es dir geht.«

»Und du meinst, das überzeugt sie, mit mir zu reden?«

»Hast du eine bessere Idee?«

»Nein«, gebe ich seufzend zu.

»Also dann.« Claire zückt ihr Smartphone und beginnt zu tippen.

Ich wechsle einen Blick mit Cooper. Er versucht sich an einem aufmunternden Grinsen. »Hey, einer von uns muss doch Glück in der Liebe haben. Wenn Pete mir endgültig das Herz bricht, hat die Mannschaft so wenigstens noch einen funktionierenden Quarterback.«

Sosehr mich Cooper manchmal nervt, in diesem Moment tut er mir leid, weil ich seine Gefühle nur allzu gut nachvollziehen kann.

»Okay!«, ruft Claire nach einem Moment. »Sie hat zugestimmt, mich im Coffee&Dreams zu treffen. Ihre Schicht fängt in fünfzehn Minuten an. Wartet hier. Ich gebe Bescheid, sobald ich grünes Licht für dich habe, Ethan.«

Ich habe es kaum zu hoffen gewagt, aber tatsächlich kommt nach einer Stunde, einem Schoko-Brownie und zwei weiteren Colas die erlösende Nachricht, dass Cooper und ich ins Café kommen sollen. Ich steige in sein kreischend gelbes Auto und lasse mich kutschieren.

»Wow, ich kann gar nicht verstehen, dass du solo bist bei diesem heißen Gefährt«, sage ich scherzhaft.

Cooper grinst, ohne den Blick von der Straße zu wenden. »Ich auch nicht.«

»Vielleicht solltest du deine Fühler in eine andere Richtung ausstrecken.«

Aber Cooper zuckt nur mit den Schultern. »Sag das meinem Herzen. Außerdem tust du es doch selbst nicht.«

»Nein. Abby ist ja auch die Richtige.«

Er schnaubt. »Und wenn es bei Pete und mir dasselbe ist?«

»Wie kann das sein, wenn er gar nicht auf Männer steht?«

Nun sieht er mich doch an, und sein Blick ist traurig. »Vielleicht ist er der Richtige für mich, ohne dass ich der Richtige für ihn bin.«

»So etwas gibt es nicht«, behaupte ich, auch wenn ich mir da nicht so sicher bin.

»Wer weiß?« Cooper parkt vor dem Café ein, und wir steigen aus und gehen hinein.

Abby und Claire stehen beide hinter dem Tresen. So nebeneinander fallen sowohl die Ähnlichkeit als auch die Unterschiede auf. Dann aber habe ich nur noch Augen für Abby. Sie sieht aus, als hätte sie in den letzten Tagen nicht viel geschlafen. Mein Herz zieht sich zusammen, gleichermaßen vor Sorge wie vor Erleichterung. Natürlich will ich nicht, dass es ihr schlecht geht, aber ich möchte auch nicht, dass ich ihr gleichgültig bin.

»Hi«, sage ich und lächle sie an.

»Hi.« Auch sie versucht ein vorsichtiges Lächeln.

Claire schiebt Abby in meine Richtung. »Los, geht spazieren, ihr beiden. Ich halte die Stellung.«

Abbys Chef kommt aus dem Hinterzimmer. »Weißt du überhaupt, was hier Sache ist?«, fragt er zweifelnd.

»Dom, du weißt doch, ich kann alles.« Sie nickt in Coopers Richtung. »Außerdem habe ich einen Assistenten dabei.«

Dominics Blick richtet sich auf meinen Teamkollegen, und seine Augen leuchten auf. Genau genommen versprühen sie Herzchen. »Na, wenn das so ist ...« Seine Stimme klingt plötzlich sanft.

Cooper scheint es nicht einmal zu bemerken. Er geht zum Tresen und hebt kurz die Hand. »Hi, Dom.«

Abbys Chef sieht aus, als wolle er Cooper umarmen, aber der setzt sich auf einen Hocker, wendet sich von ihm ab und fängt an, mit Claire zu reden. Dominics Gesicht wird traurig.

Dann steht Abby vor mir, und alle anderen Menschen werden gleichgültig. Ich möchte sie in meine Arme ziehen, aber ich beherrsche mich. Ich will sie nicht überfordern.

Ehe wir das Café verlassen können, kommt Lindsey hereingerauscht. Offensichtlich beobachtet sie wirklich aus ihrem Fenster, wer hier ein und aus geht. Sie mustert mich von oben bis unten.

»Hey, Ersatz-Quarterback«, sagt sie und zwinkert mir zu. »Und hallo, Kaffeetante«, ergänzt sie abfällig. »Wohin solls denn gehen?«

Ich spüre, wie sich Abby neben mir versteift, und knurre: »Geht dich nichts an, Lindsey. Lass uns in Ruhe.«

»Und, Abby? Hast du ihn schon nach Jane gefragt?« Lindsey grinst anzüglich. »Nach seiner eigentlichen Freundin?«

»Wir haben über Jane gesprochen, ja«, sage ich leichthin. »Über meine *Ex*-Freundin.«

»Ex. Aha.« Sie richtet ihren Blick auf Abby. »Und das glaubst du ihm?«

Bitte, sag Ja, flehe ich stumm.

»Ja«, antwortet Abby, und obwohl ich froh bin, höre ich die Unsicherheit in ihrer Stimme.

Lindsey hört sie auch. »Rede dir das nur ein, Abigail. So wie du dir einredest, dass du gut genug fürs Kunststudium bist, während du mit Milchschaum spielst und Cocktailschirmchen bastelst.«

Am liebsten hätte ich Lindsey geschlagen. Ich stopfe die Hände in die Hosentaschen, um mich davon abzuhalten. »Du bist eine echt schlechte Verliererin, was, Lindsey?«, presse ich hervor.

Sie lacht hell auf. »Ich habe nicht verloren. Ich studiere Kunst.«

»Aber du hast keinen Partner, der dich liebt«, faucht Abby und packt meine Hand.

Auch wenn ich weiß, dass sie es nur sagt, um Lindsey eins auszuwischen, macht mein Herz einen Satz. »Da hat sie recht«, bestätige ich. »Du bist eine traurige Gestalt mit all deiner Bosheit. Wer würde jemanden wie dich wollen?«

Wir lassen sie stehen. Abby zieht mich entschlossen aus dem Café und die Straße entlang in Richtung ihrer Wohnung. Was wird das? Darf ich hoffen … Ich sehe sie von der Seite an. Sie stapft schweigend und mit wütendem Gesicht voran.

»Abby …«, fange ich langsam an. »Hast du … das nur gesagt …«

Unvermittelt bleibt sie stehen, und ich wäre fast gestolpert, da sie meine Hand eisern festhält. »Stimmt es denn nicht?«, fragt sie, Schärfe und Unsicherheit gleichermaßen in der Stimme.

»Natürlich stimmt es!« Ich ziehe meine Hand aus ihrer und lege beide Hände vorsichtig an ihre Wangen. »Ich liebe dich. Ich hab dich so vermisst.«

»Ich dich auch«, sagt sie leise. »Kommst du mit zu mir?« Sie läuft rot an. »Oh … Glaub nicht, es ginge mir nur darum. Ich … dachte nur, weil das ja eine Sache ist, die bei uns immer funktioniert …«

Ich muss lachen. »Es gibt schlimmere Arten, sich zu versöhnen.«

Ihre Miene wird ernst. »Unsere Probleme sind damit nicht gelöst, Ethan. Ich hoffe, das ist dir klar.« Sie seufzt tief. »Ich muss dir vertrauen können.«

»Ich wünschte, das könntest du.«

»Vielleicht kann ich es lernen …«

Ich beuge mich zu ihr hinunter und lege meine Lippen federleicht auf ihre. Sie kommt mir entgegen, vertieft den Kuss. Ein unbändiges Glücksgefühl rauscht durch meinen Körper. In diesem Moment glaube ich, dass wir es schaffen können.

Abby ruft bei der Arbeit an und erfährt von Dominic, dass Claire ihre restliche Schicht übernimmt. Vermutlich will sie noch Abbitte leisten. Mir soll es recht sein. Wir verbringen den Rest des Tages im Bett und ich fühle mich, als wäre das Loch in meiner Brust endlich wieder geschlossen. Wir reden über meine Reise, Abby erzählt Geschichten aus dem Café, wir lachen und küssen uns wieder und wieder – und mehr. Ich bin endlich zurück in meinem wahren Leben. Bei meiner Abby. Sie braucht noch Zeit, um mir völlig zu vertrauen, aber ich bin sicher, dass ich es schaffen werde, sie von mir zu überzeugen.

Am nächsten Tag muss sie zur Frühschicht, und ich absolviere mein Morgentraining, indem ich nach Hause jogge. Das Herbstwetter ist strahlend schön, ich atme tief die frische Luft ein, betrachte die leuchtend roten und gelben Blätter an den Bäumen und hätte die ganze Welt umarmen können. Alles wird gut, das spüre ich!
Ich biege auf den Campus ein, laufe weiter zur Tür des Wohnheims und bleibe stehen, um meinen Schlüssel aus der Tasche zu ziehen. Ich freue mich auf die Dusche, danach werde ich noch etwas Schlaf nachholen. Die Nacht war immerhin anstrengend. Ich grinse vor mich hin.

»Hallo, Ethan«, erklingt eine nur allzu bekannte Stimme hinter mir. Eine Stimme, die hier nichts zu suchen hat.

Der Schlüssel gleitet mir aus der Hand und kommt klirrend vor meinen Füßen auf.

Das Lächeln rutscht von meinem Gesicht.

Und in meinem Kopf hallt ein Wort wider. Wieder und wieder.

Nein.

13

Abigail

Ich schließe die Tür auf. Am Morgen gehört das Café ganz mir, und ich kann in meinem eigenen Takt die Vorbereitungen starten. Die Bäckerei wird jeden Moment die Waren bringen. Die süßen Gebäckstücke sind fertig, die Brötchen, Baguettes und Bagel muss ich noch belegen, aber dafür ist genug Zeit. Ich schmeiße den Vollautomaten an und bereite mir den ersten Latte des Tages zu. Dabei teste ich die Maschine und die Milch vom Vortag, damit sich kein Kunde mit schlechter Milch zufriedengeben muss.

In meinem Arbeitstrott gefangen, wandern meine Gedanken ab und bringen mich natürlich zu Ethan. Ich kann nicht widerstehen. Die letzten Tage ohne ihn waren fürchterlich. Ich stand ständig kurz davor, in Tränen auszubrechen, habe geheult, weil mich das Ravens-Zeichen im Milchschaum an ihn erinnert hat und ich mich so schrecklich einsam und verlassen fühlte. Ethan bedeutet mir die Welt. Euphorisch hole ich mir mein Telefon und wähle seine Nummer. Sein Training stand doch nicht direkt an, oder?

Er nimmt ab. »Abby!« Er klingt alarmiert, und ich wundere mich gleich.

»Hey«, wispere ich. »Störe ich?«

»Nein!« Die Antwort kommt zu schnell, und da ist ein Unterton, der mich warnt. So hat meine Mutter geklungen, wenn sie log. Ich schließe die Augen und stütze mich auf dem Tresen ab. Ich übertreibe. Meine Fantasie galoppiert mir davon. Ich vertraue ihm!

»Was tust du?«, frage ich betont fröhlich. Ich will mich nicht fürchten, ich will nicht ständig davon ausgehen, belogen zu werden. Ethan liebt mich. Nur mich. Es gibt keinen Grund, daran zu zweifeln. Und doch zieht sich mir der Hals zu.

»Oh.« Stille schließt sich an.

»Ethan?«

»Ich ... äh. Ich mache mich gleich auf den Weg zum Training. Was tust du?«

»Ich bereite den Laden vor.« Und damit dies keine Lüge ist, klemme ich mir das Telefon zwischen Schulter und Ohr und hole den Belag für die Sandwiches aus der Kühlung. »Das ist so langweilig, dass ich an dich denken musste.« Ich lache, und es klingt, als fräse ich durch einen Wurf Kätzchen.

»Ich denke auch an dich?«

Ich stocke mitten in der Bewegung und starre den Frischkäse an. War das jetzt eine Frage? »Ach wirklich?«

»Schrecklich. In jedem Moment des Tages.« Er seufzt und fährt ruhiger, sicherer fort: »Ich wünschte, ich wäre noch bei dir.«

Mir wird warm, und ich grinse versonnen. »Ja, ich wünschte auch ...«

»Du, ich habe leider keine Zeit. Ich muss ... los.«

Ich klappe überrascht den Mund zu.

»Ich liebe dich«, haucht er undeutlich und verabschiedet sich dann. »Wir sprechen uns später!«

Die Stille dröhnt aufdringlich in mein Ohr und ich nehme das Telefon weg. Was war das? Meine Haut kribbelt und mein Magen ist in Aufruhr. War die Milch schlecht oder ... übertreibe ich hier? Ich muss Ethan vertrauen. Ich kann ihm doch vertrauen. Es gibt keinen Grund, sein Wort anzuzweifeln.

Zum Glück lenkt mich der Lieferant ab, der die Backwaren bringt. »Morgen!«

»Guten Morgen«, erwidere ich und gehe eilig die Bestellung durch. »Wo sind die Croissants?«

»Die sind nicht aufgegangen und fehlen heute.« Er hält mir den Stift unter die Nase, und ich unterschreibe den Lieferschein, nachdem ich die Croissants durchgestrichen habe.

»Schönen Tag noch«, rufe ich ihm nach und beginne, die Brötchen zu schmieren. Meine Hände zittern und meine Gedanken kehren gleich zu Ethan zurück. Zu Jane. Zu Lindsey. Er hat ja recht: Lindsey ist eine Schlange und würde auch lügen, damit sie mir eins auswischen kann. Unser Verhältnis ist wirklich katastrophal, dabei haben wir uns mal ziemlich gut verstanden. Aber das ist lange her. Es war, bevor meine Familie zerbrach und aus meiner rosigen Welt ein Albtraum wurde.

Als hätte ich sie heraufbeschworen – ich habe mich auch drei Stunden nach Schichtbeginn noch nicht von meinen düsteren Gedanken losreißen können –, steht plötzlich Lindsey vor mir. Ihre kornblumenblauen Augen glitzern fröhlich, und ihre schimmernden Lippen verziehen sich zu einem spöttischen Grinsen.

»Hey«, sagt sie und mustert mich überheblich. »Du siehst schlimm aus. Ist es endlich aus? Glaub mir, mit dem stimmt was nicht.«

Ich schnaufe. »Was möchtest du?«, frage ich betont freundlich, immerhin ist sie eine Stammkundin und ich will Dominics Geschäft schließlich nicht schädigen. »Soja-Latte Karamell und einen Bunny-Bagel?« Womit ich ihr übliches Frühstück genannt habe.

»Warum fragst du nicht, was ich weiß?«

»Weil mich nicht interessiert, was du weißt.« Ich hebe das Kinn, um selbstsicher zu wirken, und hoffe, dass ich nicht dreinschaue wie ein verängstigtes Häschen.

Aber Lindsey lacht. »Fein. Den Latte und den Bunny, wie immer.« Sie deutet quer durch den Shop auf ihren Lieblingsplatz am Fenster. »Du bringst mir alles, richtig?«

Das gehört zwar nicht zu unserem Service, aber Lindsey überhört in der Regel, dass sie ihre Bestellung abholen kann, und zwingt uns damit dazu, sie am Tisch zu bedienen, um den Tresen frei zu bekommen. Ich kassiere und widme mich der Bestellung.

Auf dem Rückweg von Lindseys Tisch zum Tresen bimmelt die Glocke über der Tür und ich werfe einen Blick auf die Kundschaft. Ich kenne unsere Besucher für gewöhnlich, aber dieser Mann ist mir fremd. Er sieht sich um und hebt die Hand, in der sich sein Telefon befindet.

»Kann ich dir helfen?«, spreche ich ihn an. »Suchst du etwas?«

»Das ist das Coffee&Dreams?«, fragt er mit einem Singsang in der Stimme, der mir bekannt vorkommt.

»Ja.«

»Und du bist Lindsey?« Sein Grinsen wird anzüglich, und sein Blick wandert an mir auf und ab. »Deine Fotos haben mehr versprochen.«

Arschloch!

Ich lasse mir nicht anmerken, dass ich mich beleidigt fühle. »Nein, ich bin Abby.« Ich deute quer durch den Laden. »Lindsey sitzt dort. Wenn du etwas brauchst ...« Nun zeige ich auf den Tresen. »... findest du mich dort.«

Er nickt. »Die ist schon eher nach meinem Geschmack.«

Ich blinzele und schaue wieder zu Lindsey hinüber. Sie ist jedermanns Geschmack, und das wundert mich auch nicht. Sie steckt in hautengen Jeans und einem Top, das ihre Brüste betont. Ihre lange, blonde Mähne wallt um ihr herzförmiges Gesicht und gibt ihr einen Lolita-Touch.

»Bring mir einen Americano.« Der Typ dreht mir den Rücken zu und humpelt auf Lindsey zu, die überrascht tut, als er sie anspricht, dabei habe ich gesehen, wie sie uns Blicke zugeworfen hat. Ich ignoriere die Order. Es ist eine Sache, die Bestellung an den Tisch zu bringen, aber ich kassiere nicht am Tisch, um eventuell mit Wechselgeld hin und her zu laufen. Zum Glück muss ich das auch nicht, also widme ich mich meinen Aufgaben, wische die Tische ab und versorge die sporadisch eintreffenden Kunden.

Immer wieder wird mein Blick jedoch von den beiden angezogen. Sie lachen, und Lindsey berührt den Fremden häufig. Sie hat offenbar jemanden gefunden, der sie von Ethan ablenkt. Hoffentlich keine Eintagsfliege.

Renee gesellt sich zu mir und bestellt ihren Cappuccino. Sie bemerkt, dass ich abgelenkt bin, und folgt meinem Blick. »Schon mal drüber nachgedacht, ihr was in den Kaffee zu mischen?« Sie kichert. »Ich frage mich, wie sie das Stipendium bekommen konnte.«

»Sie ist gut«, stelle ich neidlos fest. »Besser als ich.«

Renee schnaubt. »Nein, Abby, ist sie nicht. Sie hat keine eigenen Ideen und stiehlt von anderen. Handwerklich ist sie gut genug, aber Kunst ist mehr. Es ist die Umsetzung einer brillanten Idee!« Sie mustert die beiden. »Und wer ist das eigentlich?«

»Keine Ahnung.« Ich behalte für mich, dass ich ihn für einen Arsch halte. »Er hat einen merkwürdigen Akzent. Fast würde ich denken, dass er ...« Ich stocke und sehe wieder auf den Unbekannten. »... Engländer ist«, murmele ich für mich.

»Ui.« Jetzt mustert sie mich. »Familie von deinem Freund?«

Mein Magen sackt ab. Mich überkommt ein ungutes Gefühl. »Weiß ich nicht«, gebe ich zu und suche nach den Informationen, die ich über Ethan habe. Allerdings spricht er nicht viel über seine Familie in England. Oder überhaupt von seinem Leben, bevor er nach Sacramento gekommen ist. »Er sieht ihm nicht ähnlich.« Aber der Akzent ... Wieder rauscht ein kalter Schauer über meinen Rücken.

»Hm. Weißt du, was?« Renee zwinkert mir zu. »Ich setze mich mal da hin und zeichne etwas.«

»Bei ihrem ständigen Herumgekichere wirst du dich nicht konzentrieren können«, warne ich sie und stelle den Cappuccino vor ihr ab.

»Ich möchte mich gar nicht konzentrieren, sondern lauschen.« Sie zwinkert wieder. »Wenn du einen Moment hast, setz dich doch zu mir.« Damit lässt sie mich stehen und durchquert das Café, um sich in unmittelbarer Nähe zu Lindsey und ihrem neuen Fang niederzulassen. Sie holt ihre Skizzenmappe heraus.

Ich werde abgelenkt. Dom trifft ein und drückt mir einen Kuss auf die Wange. »Läuft?«, fragt er.

»Läuft«, gebe ich zurück. Mehr Worte sind zwischen uns nicht nötig.

»Ich bin im Büro.«

Ich fasse nach ihm. »Wie wäre es mit fünf Minuten Pause?«, frage ich zögerlich. »Ich brauche dringend einen Kaffee.«

Dominic lacht. »Lange Nacht gehabt?«

Meine Wangen erhitzen sich und ich tue unbeteiligt. »Nein. Wir haben geredet.«

»Klar!«

»Und Cooper?«, lenke ich hastig von mir ab. »Fortschritte gemacht?«

Dom schnaubt. Die Belustigung weicht aus seinen Zügen und macht Resignation Platz. »Der sieht mich nicht.«

Ich nickte verstehend und tätschele seinen Arm. »Tut mir leid«, murmele ich.

Mein Chef seufzt abgrundtief. »Mach deine Pause, damit ich im Büro meine Wunden lecken kann.«

Ich bereite mir hastig einen Latte zu und geselle mich zu Renee. Sie beugt sich gleich zu mir.

»Brite«, flüstert sie mir zu. »Star-Rugby-Spieler und ein guter Freund von unserem Ersatz-Quarterback. Ethan, richtig?«

Ich nicke. »Was will er hier?«

»Lin flachlegen.« Renee verdreht die Augen. »Keine Ahnung. Soll ich rübergehen und fragen?«

Das ist wohl zu auffällig. Ich spitze die Ohren.

»... und wir haben das Spiel entschieden«, tönt der Fremde selbstgefällig.

»Das hört sich an, als wärst du der Spielmacher. Gibt es den im Rugby?« Lindsey klingt absolut lieblich, und ein Blick zu ihr beweist, dass sie mit den Wimpern flattert.

»Jein. Die Regeln sind ziemlich kompliziert.«

Offenbar sind ihm die Regeln des Football nicht bekannt, denn die sind wirklich kompliziert. Renee kichert und kritzelt in ihrer Skizze herum.

»Und Ethan? Er war der Fullback? Er spielt jetzt den Quarterback und ist wahnsinnig beliebt.«

»Ach wirklich.« Der Fremde klingt grimmig.

Lindseys Finger streicheln über sein Handgelenk. »Sag mal, Brandon, wie war das mit Jane?«

Brandon lacht und dreht die Hand. Er umfasst ihre. »Flirtest du nur mit mir, um an Ethan ranzukommen? Glaub mir, mit dem hat man keinen Spaß. Mit mir jedoch ...«

»Du bekommst deine Chance«, gurrt Lindsey. »Ich frage mich nur, wie Jane so ist.«

»Eine Schlampe. Sie sucht sich den größten Fisch heraus und heftet sich an ihn. Sie ist jetzt mit dem neuen Fullback zusammen. Sonst noch Fragen?«

Süße Erleichterung durchströmt mich. Ethan hat nicht gelogen. Ich schlürfe meinen Kaffee.

»Sie sieht gut aus. Jetzt macht er mit einem Mauerblümchen rum.« Lindsey schnaubt. »Ich weiß nicht, was er vorhat. Was meinst du? Welchen Grund könnte er haben, mit einer Servicekraft rumzumachen?«

»Wenn er nicht auf dich steht, dann wohl, weil du ihm Jane-Vibes gibst. Die hat ihn ziemlich schnell abgeschossen, als es dreckig wurde. So sind die Weiber.«

Renee horcht auf und sucht meinen Blick. Ihre Lippen formen ein Wort, das mir auch durch den Kopf spukt. *Arschloch.*

Allerdings steigt gleich wieder Nervosität in mir hoch. Vielleicht ist es doch keine gute Idee, Brandon zu lauschen. Ich weiß ja gar nicht, in welchem Verhältnis er zu Ethan steht und ob man seinem Wort vertrauen kann. Vielleicht bin ich hier in ein Schauspiel geraten, das Lindsey inszeniert? Sie braucht wirklich bessere Hobbys.

Ich leere meine Tasse und stehe auf. »Das ist eine gute Idee«, versichere ich Renee und deute auf ihre Skizze. »Und deine Kaschierung ist auch schon viel besser geworden. Du schaffst es bei deinem nächsten Versuch ganz bestimmt.«

Ich verschanze mich wieder hinter meiner Arbeitsstation und bin dort gut abgelenkt, bis die beiden an den Tresen kommen.

»Das ist sie«, sagt Lindsey mit einem belustigten Grinsen. »*Abby.*«

Brandon streckt die Hand aus. »Hi, ich bin Brandon.«

Ich ignoriere seine Geste. »Darf es noch etwas sein?«

»Ich bin Ethans bester Freund. Er wird von mir gesprochen haben, wir sind wie Brüder.« Brandon zwinkert mir zu. »Du hast ihn angerufen, als ich heute Morgen bei ihm war.«

Mein Magen rumort. »Ach ja?«, murmele ich. »Lindsey, bekommst du noch einen Latte?«

»Wir haben uns monatelang nicht gesehen, und ich freue mich darauf, dich näher kennenzulernen.« Er lässt die Hand sinken. »Auch wenn ich nicht verstehe, was er an dir finden sollte. Er kann wirklich aus den heißesten Babes wählen.« Sein Blick wandert an mir auf und ab. Es ist deutlich, dass ich nicht unter *heißes Babe* falle.

»Ich arbeite hier«, stelle ich betont sachlich fest. »Und ich habe Kundschaft.« Ich deute auf die Schlange hinter den zweien. »Wenn ihr also nichts bestellen wollt, geht bitte zur Seite.«

Lindsey lacht und schmiegt sich an Brandon. »Ach, lassen wir sie. Komm, ich zeig dir coolen Orte in der Stadt.« Sie sieht mir in die Augen und hebt eine Braue. »Abby wird eh bald abgesägt. Wenn die Ravens die Meisterschaft gewinnen, brauchen sie passende Freundinnen und keine ...« Sie grinst spöttisch und wackelt mit den Brauen. »... wie dich.«

»Wettet man hier eigentlich auch auf den Ausgang von Spielen?«, fragt Brandon. Er wendet sich von mir ab und betrachtet Lindsey nachdenklich.

»Klar.« Lindsey lacht glockenhell. »Brauchst du einen Buchmacher?«

»Hier ist keiner«, unterbreche ich sie. »Der Nächste bitte!« Ich recke den Hals, um Blickkontakt mit dem nächsten Kunden aufzunehmen. »Guten Morgen«, sage ich freundlich, obwohl es in meinem Magen brennt. »Was darf ich dir zubereiten?«

Lindsey und Brandon verlassen den Laden. Ich sehe ihnen nach. Ich fühle mich schrecklich angespannt. Irgendwie weiß ich, dass bald meine Welt zusammenstürzen wird, und das zerfrisst mein Selbstwertgefühl. Vielleicht hat sie recht, und Ethan braucht eine andere Freundin. Eine, die mehr hermacht. Oder eine, die ihm auch vertrauen kann?

Zögere ich das böse Ende nur hinaus, weil ich mich nicht trennen kann? Weil mich die Trennung ebenfalls verletzt und ich mir wünsche, Ethan nicht verlieren zu müssen? Bin ich selbstsüchtig, wenn ich an etwas festhalte, was keine Chance hat? Muss ich vielleicht erst an mir arbeiten und Vertrauen lernen, bevor ich mich auf eine ernsthafte Beziehung einlassen kann?

14

Ethan

Mein schlimmster Albtraum ist wahr geworden. Meine Vergangenheit hat mich eingeholt, und es ist noch so viel schlimmer, als ich mir ausgemalt habe. Tief im Inneren habe ich gewusst, dass die Wahrheit ans Licht kommen würde, doch nicht auf diese Art.

Gestern ließ sich Brandon noch abwimmeln. Er wollte mit zum Training, aber das konnte ich verhindern. Habe ihm gesagt, dass wir eh nur den Kraftraum nutzen, wo er keinen Zutritt hat. Eine Lüge. Wie viele muss ich noch erzählen? Ihm, Abby ...

Abby ...

Ich habe sie nicht nur bei dem Telefonat am Morgen abgewürgt, weil Brandon neben mir stand. Nein, auch abends nach ihrer Schicht habe ich mich herausgeredet. Ich kann sie im Moment nicht sehen. Sie würde gleich merken, dass was nicht stimmt.

Das merkt sie so auch, du Blödmann.

Ich ziehe mir die Decke über den Kopf, aber das bringt meine verfluchte innere Stimme nicht zum Schweigen. Für die Uni und das Training bin ich heute krankgemeldet. Auch Abby habe ich geschrieben, dass ich mich in der Nacht übergeben musste, Fieber habe und im Bett bleibe. Und dass sie sich bloß von mir fernhalten soll, falls es ein Virus ist. Ich hoffe, sie denkt, dass ich mich deswegen gestern schon so seltsam benommen habe. Ich hoffe ...

Nur dass du gar nichts mehr zu hoffen brauchst. Brandon ist hier. Er wird alles zerstören.

Ich rolle mich auf die andere Seite.

Halt die Fresse, brülle ich meine innere Stimme stumm an. *Das weißt du gar nicht. Er wollte nur mit dir reden. Hör ihn an. Vorher ist nicht sicher, ob er etwas im Schilde führt.*

Nur dass Brandon noch nie etwas getan hat, ohne etwas im Schilde zu führen. Und es wird ihm wohl kaum darum gehen, unsere Freundschaft wiederzubeleben. Wie ist der Kerl überhaupt hierhergekommen? Hat er noch was von dem Geld übrig? Er durfte es behalten, da uns nichts strafrechtlich Relevantes nachgewiesen werden konnte und wir geschwiegen haben. Mich kostete die Sache trotzdem die Mitgliedschaft in der Mannschaft und meinen guten Ruf.

Ich werde nicht erfahren, was Brandon von mir will, wenn ich nicht mit ihm rede. Ich seufze, werfe die Decke von mir und schwinge die Beine aus dem Bett. Dann gehe ich zum Schreibtisch und greife nach dem zerknüllten Zettel, auf dem Brandon seine Nummer notiert hat. Ich speichere sie in mein Handy ein, atme tief durch und schreibe.

Hey. Lass uns reden.

Ich starre auf das Display. Zwei blaue Haken erscheinen, dann wird mir angezeigt, dass er schreibt.

Okay. Ich komm zu dir ins Wohnheim.

Nein! Nicht hier. Lass uns ein Stück am Fluss gehen.

Es dauert einige Momente, bis die nächste Nachricht kommt, und dann ist es nur ein Smiley, der eine Augenbraue hochzieht. Verwirrt starre ich das Bildchen an. Bald tippt Brandon wieder.

Falls es dir entfallen ist: Ich bin nicht mehr so gut zu Fuß wie früher. Ich würde doch einen Ort bevorzugen, an dem ich SITZEN kann.

Schuld und Scham überfluten mich, als ich begreife. Kann es sein, dass es ihm wirklich immer noch so schlecht geht? Dass er solche Schmerzen beim Laufen hat, nach guten eineinhalb Jahren? Mir wird übel, und ich befürchte schon, dass sich meine Ausrede in Realität verwandelt. Ich schlucke krampfhaft, wanke in meinen Shorts barfuß ich die Küche. Zum Glück ist diese verlassen, auch die Flure sind leer. Alle Studierenden befinden sich entweder in ihren Kursen oder beim Training. Ich bin dankbar, denn ich will wirklich niemandem begegnen.

Ich hole mir eine Cola aus dem Kühlschrank. Im Stehen stürze ich die ersten Schlucke hinunter. Die eisige Kälte und die Kohlensäure des Getränks tun mir im Rachen, in der Speiseröhre und im Magen weh, aber nach dem Trinken ist mir wenigstens nicht mehr schlecht.

Ich gehe mit der Flasche zurück in mein Zimmer, atme tief durch und greife erneut nach dem Handy. Brandon hat mir ein Fragezeichen geschickt.

Tja ... Wo will ich ihn treffen? Am besten gar nicht in der Stadt. Dies ist meine neue Heimat, Brandon gehört nicht hierher. Ich will nicht, dass er die Orte sieht, die mir etwas bedeuten. Und schon gar nicht, dass er den Menschen begegnet, die mir wichtig sind. Außerdem habe ich gelogen und diverse Leute nehmen nun an, dass ich den Tag mit dem Kopf über der Schüssel verbringe. Hoffentlich kommt niemand auf die Idee, mir Hühnerbrühe und Tee vorbeizubringen!

Also eine Touristenfalle. Dort ist die Chance am geringsten, dass wir gesehen werden. Ich überlege, was ich an meinen ersten Tagen in der Stadt unternommen habe, und tippe:

Old Sacramento. Wir treffen uns am Anleger des Delta King.

Was soll das sein?

Ein Raddampfer. Du kannst ihn nicht verfehlen.

Es folgt der Smiley, der einen Mundwinkel hochzieht. Ich weiß, was Brandon denkt. Und er hat recht. Er kennt mich zu gut.

Du willst mich von deinen Leuten fernhalten.

Gut erkannt.

Eine kurze Pause entsteht, in der ich befürchte, dass eine typische Brandon-Bemerkung folgen wird, mit der er wieder einmal Schuldgefühle weckt. Dann aber kommt nur:

Um zwölf?

Ich schaue auf die Uhr. Fast elf.

Okay.

Ich trinke meine Cola aus und quäle mich unter die Dusche. Kurz denke ich an Abby und unsere Dusch-Szene, doch meine Gedanken wirbeln zu sehr durcheinander, um mich darüber zu freuen, dass mit uns endlich wieder alles gut ist. Denn ist es das überhaupt? Wenn sie erst erfährt ...

Hör auf damit! Darüber kannst du später nachdenken!

Ich drehe das eiskalte Wasser auf in der Hoffnung, meine Gedanken zu klären. Es wirkt ein wenig. Als ich tropfnass aus der Dusche trete, eisige Rinnsale über mein Gesicht und meine Schultern laufen, ist zumindest eines klar: Brandon ist das Problem, das ich als Erstes angehen muss. Und bis das nicht geklärt ist, muss ich mich von Abby zurückziehen. Nicht zu sehr, denn ich will sie ja nicht verlieren. Aber doch genug, damit sie mich nicht in diesem Zustand sieht und mir womöglich auf die Schliche kommt. Ich weiß nicht einmal, ob ich ein Telefonat überstehen würde, ohne mich komplett zu verhaspeln und sie so noch misstrauischer zu machen. Süße Nachrichten müssen reichen. Die bekomme ich ja wohl hin.

Ich rubbele mir die Haare ab, dann ziehe ich mir eine Trainingshose und einen Hoodie an. Ich setze die Kapuze auf und werfe einen Blick in den Spiegel. Ein schuldbewusstes Gesicht schaut mir entgegen. Ich hoffe, niemand erwischt mich. Aber ich bin einfach nicht fähig, mit jemandem zu reden. Nicht bevor diese Sache nicht geklärt ist.

Ich gehe rüber in Emilios Zimmer. Wir haben mal Schlüssel ausgetauscht, für den Notfall. Ihm habe ich heute Morgen durch die geschlossene Tür Bescheid gegeben, dass ich die Spuckerei habe, und ihn gebeten, mich in der Uni und bei Headcoach Gerber zu entschuldigen. Ich nehme einen Stift und schreibe was auf den Block auf seinem Schreibtisch.

Hey, bin kurz zur Apotheke und hau mich dann wieder hin.

Immerhin brauche ich eine Ausrede, falls jemand zwischen Unterricht und Training nach mir sehen will. Meine Kumpels sind einfach zu nett.

Das dachtest du von Brandon auch mal.

Schade, dass ich nicht den ganzen Tag unter der kalten Dusche stehen bleiben kann. Diese Gedanken machen mich fertig!

Ich finde eine Parklücke – zum Glück ist ja gerade keine Saison – und gehe durch den metallenen Bogen mit der goldenen Aufschrift *Old Sacramento* in die Gassen des historischen Geschäftsviertels. Es liegt direkt am Fluss und besteht aus Häusern aus der Zeit des kalifornischen Goldrauschs um 1850. Auf England bezogen, wäre dies neuere Geschichte. Hier in den USA wird es nicht viel älter, wenn man von den durch die Kolonisation ausgerotteten Kulturen absieht. Es gibt ein Museum zur Stadtgeschichte und eins, in dem historische Eisenbahnen ausgestellt sind.

Auch wenn das Viertel eine typische Touristenattraktion ist, gefallen mir die Gebäude und die Stimmung. An diesem Tag aber kann ich sie nicht genießen, zu sehr graut mir vor dem bevorstehenden Gespräch.

Es ist genau zwölf Uhr, als ich die Holzplanken des Stegs betrete, der zu dem alten, nun dauerhaft vertäuten Raddampfer führt. Brandon ist noch nirgends in Sicht. Klar, er war schon in unserer Kindheit nicht der Pünktlichste ...

Bilder aus besagter Kindheit rauschen vor meinem inneren Auge dahin: Brandon, der mich zu allem möglichen Unfug anstiftet, und ich, der ihm begeistert folgt. Über den Zaun auf die Bullenweide, dann mit letzter Kraft und am Stacheldraht zerrissenen Hosen aus vollem Hals lachend wieder zurück auf den Weg stolpernd, das erbost schnaubende Tier nur wenige Handbreit von uns entfernt. Der Bauer, der dazukommt, schnaubt fast noch böser, aber er ist nicht schnell genug für uns. Brandon, der zu meinem achten Geburtstag kommt, als kein anderer der Jungs, die ich eingeladen habe, auftaucht.

Ich war nicht beliebt, bevor ich ihn kannte. Er war es, der mich beschützt, mitgezogen, gestärkt, motiviert, begeistert hat. Brandon, der mich zum ersten Mal mit zum Rugby genommen und damit meine Liebe für dieses Spiel entfacht hat. Der mich unter seine Fittiche genommen hat, als die anderen in der Mannschaft mich zu klein und schmächtig fanden. Der an mich geglaubt hat. Und ich habe ihm schließlich bewiesen, dass ich spielen kann. Er hat meinen ersten großen Sieg mit mir gefeiert, und von da an haben wir gemeinsam gesiegt und verloren, gejubelt und gelitten. Brandon, der immer für mich eingetreten ist.

Auch an jenem Abend hinter dem Pub. Er hat nicht zugelassen, dass ich ins Krankenhaus oder tot geprügelt werde. Er hat sich zwischen mich und den anderen Kerl gestellt und den Schlag abgefangen. Dann sind die anderen Typen aufgetaucht, und obwohl ich den ganzen Konflikt ausgelöst hatte, haben sie sich auf Brandon gestürzt.

Seitdem ist nichts mehr wie vorher.

Ich schüttele mich, um die Erinnerungen zu vertreiben, und sehe Brandons hoch aufgeschossene Gestalt nahen. Er humpelt leicht, vielleicht zu leicht, als dass es auf den ersten Blick erkennbar wäre für jemanden, der ihn noch nicht sein Leben lang kennt. Ich jedoch kenne diesen Mann mein Leben lang. Seinetwegen habe ich überhaupt ein Leben. Und ich habe seins zerstört. Seine Karriere.

Und du willst mich jetzt hängen lassen? Kameradenschwein!

»Hey«, sagt er und schlägt mir auf die Schulter.

Ich schlucke. »Hey«, krächze ich.

Er deutet auf den Raddampfer, dann um sich herum. »Historisch, he? Was man hier so historisch nennt.« Er grinst abfällig.

»Kein Grund für europäische Arroganz«, entgegne ich scharf, unter anderem, weil ich mich ertappt fühle. Auch ich habe gedacht wie er, als ich das erste Mal hier war. »Nur weil hier keine Tausende Jahre alten Burgen oder Stadttore aus römischer Zeit herumstehen, besitzt das Land trotzdem Geschichte. Die Goldgräber –«

»Jaja, schon gut. Reg dich nicht auf.« Brandons Grinsen wird breiter und er zieht die Augenbrauen hoch. »Hast dich also schon eingelebt und fühlst dich jetzt ganz als Ami?«

Ich balle unwillkürlich die Fäuste. »Sieht so aus«, knurre ich.

»Und eine süße Freundin hast du auch, hab ich gehört. Was wohl Jane davon halten würde ...«

»Was willst du, Brandon?«

Er lächelt noch immer, aber jetzt nicht mehr geringschätzig. Es lässt sich sogar ein Anflug des jungenhaften Ausdrucks erkennen, seines Charmes, mit dem er nicht nur mich, sondern auch alle anderen Menschen so gut um den Finger wickeln kann. »Ich will mich nur unterhalten.«

Ich glaube ihm kein Wort und sehe ihn nur an.

»Ich hab deine Süße sogar schon kennengelernt.«

Die Welt um mich beginnt sich zu drehen, und der durch die Tritte anderer Menschen schwankende Steg unter meinen Füßen macht es nicht besser. Ich klammere mich ans Geländer. »Das glaube ich kaum«, presse ich heraus. Es kann schließlich nicht sein!

»O doch.« Er reibt die Hände aneinander, und seine nächsten Worte schicken mir eisige Schauder über den Rücken. »Coffee&Dreams. Was für ein hochtrabender

Name für ein schlichtes Café mit dünnem Kaffee, gekauftem Kuchen und schlechtem Service.«

Ich möchte ihm in sein grinsendes Gesicht schlagen. »Der Kaffee dort ist hervorragend, und der Service ist es auch!«

»Das sagst du doch nur, weil du die Sonderbehandlung bekommst von der süßen Aimée ... Alina ...« Seine Stirn runzelt sich.

Ich presse die Lippen zusammen.

Dann hellt sich seine Miene auf. »Abby! Ja, genau, das war es. Abby.«

Mir wird schlecht. Ich wende Brandon den Rücken zu und starre auf den Fluss hinaus. Wie kann es sein, dass er von Abby weiß?

»Kennt sie denn deine ganze schmutzige Vergangenheit schon? Weiß sie, warum du hier bist?« Er tritt dicht neben mich und legt mir eine Hand auf die Schulter, die sich sofort anspannt. »Oh, so verkrampft? Aber warum denn? Wir reden doch nur. Zwei alte Freunde, die sich lange nicht gesehen haben.«

Ich fahre zu ihm herum und trete einen Schritt zurück. »Warum bist du hier, Brandon?«

»Wie meinst du das?« Er besitzt die Frechheit, mich fragend anzusehen.

»Wie viele Möglichkeiten gibt es denn, wie ich das meinen könnte?«, zische ich.

Brandon grinst. »Nun ... einige. *Wodurch* bin ich hier? Durch den unerwarteten Kontakt zu einem neugierigen, gehässigen, aber äußerst attraktiven Geschöpf. *Wozu* bin ich hier? Um einen alten Freund zu besuchen ...«

Das war nicht alles, der Satz geht noch weiter. Ich höre es an seiner Stimme und warte auf die Bombe.

»... und ihn an eine Verpflichtung zu erinnern.«

Ka-boom.

»Ich ...« Meine Stimme klingt wie das Krächzen einer Krähe. »... habe keine Verpflichtung dir gegenüber.«

»Ach nein?« Brandons herablassendes Grinsen weicht einem Ausdruck purer Boshaftigkeit. »Hast du das nicht, Mister Star-Quarterback?«

»Ich bin kein –«, beginne ich lahm, doch er unterbricht mich.

»Alles richtig gemacht, was? Tja, wie schön, dass du jetzt ohne mich klarkommst. Das hast du zuvor ja noch nie in deinem ganzen Leben geschafft.«

Ich will aufbegehren, aber er hat ja recht. Ich habe seit unserer Kindheit ohne ihn nichts zuwege gebracht. Nur dass wir zu weit gegangen sind. *Nein*, er *ist zu weit gegangen*, korrigiere ich mich im Geiste. *Er hätte mich nie zwingen dürfen, die Mannschaft und all meine Prinzipien zu verraten.*

»Ein brandneues Leben, ohne Altlasten«, höhnt er. »Ohne den alten Brandon, der nur so lange gut genug war, wie du seine Hilfe brauchtest.« Er verengt die Augen. »Und den du weggeworfen hast, sobald er dir lästig wurde. Der arbeitslose Brandon mit dem Hinkebein. Der mit dem zerstörten Leben.«

»Hör auf!« Schuld und Wut überschwemmen mich gleichermaßen. »Ich habe dich nicht fallen lassen, das weißt du genau!«

Er tritt wieder dicht vor mich. »Ach nein?« Sein Gesicht verzerrt sich. »Hast du nicht deine Sachen gepackt und das Land verlassen, so schnell du konntest? Ohne Rücksicht darauf, dass ich dich gebraucht hätte?«

Ich bin wie erstarrt. »Ich habe dich nicht verraten.« Meine Stimme klingt tonlos.

»Nein, nur deine eigene Karriere in den Sand gesetzt und meine einzige Einnahmequelle damit zum Versiegen gebracht.«

»Was ist aus deinen Investitionen geworden?«, frage ich schnell, um nicht damit herauszuplatzen, was ich eigentlich denke: *Warum hast du nicht dein Studium beendet und bist ins Management gegangen? Bist Sportlerberater oder Journalist oder was auch immer geworden?*

Natürlich kenne ich die Antwort. Brandon war nie gut in der Schule. Hätte er seinen Abschluss gemacht, wäre dieser höchstens mittelmäßig geraten. Es hätte dennoch Möglichkeiten für ihn gegeben, ja. Aber er hätte kämpfen müssen, wozu er damals nicht fähig war. Seine Verletzung hat ihn aus der Bahn geworfen. Die Alkoholexzesse, die depressiven Episoden ...

»Lass uns einen Kaffee trinken gehen«, schlägt Brandon in versöhnlichem Tonfall vor, dem ich nicht über den Weg traue. Er spielt mit mir, seit er aufgetaucht ist. »Dann erzähle ich dir von meiner neuen Geschäftsidee.«

Ich muss hier weg, so schnell wie möglich. »Ich will keinen Kaffee.«

Er ignoriert mich, marschiert einfach los. Ich folge ihm notgedrungen den Steg entlang. Am liebsten wäre ich gerannt. Immer weiter geradeaus, weg von Brandon, weg von der Gefahr, die er darstellt. Nur ist diese größer, wenn ich sie nicht in den Griff bekomme.

Er stapft mir voraus durch die Straßen der Altstadt, die aussieht, als handelte es sich um die Kulisse eines Wildwestfilms. Wir passieren Backsteinhäuser mit auf hölzerne Pfähle gestützten Vordächern oder Balkonen. Sie tragen Aufschriften wie *Saloon*, *Hardware* und *Pacific Railroad Company*. Eine Pferdekutsche mit einer lachenden Familie zockelt an uns vorbei.

»Ah, dieser Donut-Laden sieht doch gut aus.« Brandon deutet auf das Schild.

Schon beim Gedanken an öltriefenden Teig wird mir wieder übel, doch Brandon ignoriert erneut meinen Widerspruch, kauft zwei Gebäckstücke und zwei große Kaffee to go und setzt sich auf eine nahe Bank. Ich habe keine Wahl, als mich zu ihm zu gesellen, lasse mich aber so weit weg wie möglich nieder.

Brandon richtet das Gesicht in die Herbstsonne, atmet tief und genüsslich durch. »Ach ja, Amerika. Wie schön.« Dann sieht er mich mit hochgezogenen Augenbrauen an. »Du bist so still.«

»Was soll ich sagen? Du antwortest doch sowieso nicht auf meine Fragen.«

»Hab ich doch«, erwidert Brandon unschuldig.

»Hast du nicht. Wie konntest du mich überhaupt finden?« Immerhin weiß nur meine Familie, wohin es mich verschlagen hat, und die wird doch nicht ...

»Wie gesagt, durch ein blondes Gift und puren Zufall.«

»Jane? Hat sie mir nachgeschnüffelt?«

»Wie kommst du auf Jane? Sehnsucht?« Er grinst anzüglich.

»Quatsch!«

»Hättest auch keine Chance. Bei der warst du abgeschrieben, kaum dass alles rausgekommen war. Aber das weißt du ja selbst am besten.« Er zwinkert mir zu. »Aber sie hat tatsächlich etwas damit zu tun.«

Ich will mir die Haare raufen, bekomme aber nur meine Kapuze zu packen und senke die Hände wieder. »Spuck es aus, Mann!«

»Ganz genau bin ich auch nicht eingeweiht. Ich kann dir nur sagen, dass Jane eines Tages kontaktiert worden ist. Jemand hat wohl recherchiert, alte Mannschaftsaufstellungen mit deinem Namen gefunden und darüber die Mannschaftsmitglieder inklusive Trainer und Physios. Dadurch dann Janes Instagram. Sie sind in Kontakt getreten, haben über alte Zeiten geplaudert. Und da Jane wusste, dass mich brennend interessierte, wohin du verschwunden bist ...« Er hebt die Schultern.

Mein Verstand bleibt an einem einzigen Wort hängen. »Jemand?«

»Jep. Jemand, der deine Freundin gut kennt.«

Plötzlich kommen mir seine Worte von vorhin in den Sinn. ... *einem neugierigen, gehässigen, aber äußerst attraktiven Geschöpf.*

»Lindsey?«, frage ich fassungslos. »Lindsey Severin?«

Brandon nickt.

»Warum sollte Lindsey –« Nun ziehe ich die Kapuze vom Kopf und raufe mir doch noch die Haare. »Das ergibt keinen Sinn! Ich habe kein Interesse an ihr, und das hat nichts damit zu tun, dass ich mit Abby zusammen bin. Sie hätte keinen Grund ...« Außer, sie will Abby wehtun. Aber dafür solch ein Aufwand? Und wie hätte sie wissen können, dass ich ein Geheimnis habe?

Wenn sie allerdings schon eine Weile mit Jane in Kontakt stand ... Anfangs vielleicht einfach aus Neugier und ohne Hintergedanken, und wenn sie dabei darauf gestoßen wäre, was ich verberge ...

Brandon grinst mich an. »Keine Sorge, Lindsey weiß von nichts.« Wieder hat er meine Gedanken erraten. Es ärgert mich maßlos. »Sie hat Jane erzählt, dass sie für ihre gute Freundin Abby herausfinden möchte, ob du ein cooler Typ bist oder womöglich noch drei Weiber in England sitzen hast. Jane hat ein bisschen aus dem Nähkästchen geplaudert, ihr aber nichts von der Sache erzählt. Dann hat sie den Kontakt zwischen Lindsey und mir hergestellt. Wir schrieben ebenfalls ein bisschen ...«

Mein Kopf schwirrt.

»Und dann hab ich vorgeschlagen, dass wir uns mal treffen, da ich sowieso meinen guten alten Kumpel Ethan besuchen wollte.« Brandon sieht auf die Uhr. »Genau genommen muss ich auch bald los. Ich hab nämlich ein Date mit ihr.«

»Schön für dich«, murmele ich und trinke einen Schluck Kaffee. Der Donut liegt unberührt neben mir. Schon der Gedanke daran dreht mir den Magen um.

Brandon plaudert weiter, als sprächen wir übers Wetter. »Dann hab ich also Geld zusammengekratzt und ein Flugticket gekauft.« Er beißt herzhaft in seinen Donut und kaut schmatzend. »Hmmm, großartig«, nuschelt er, schluckt, dann spült er mit Kaffee nach. »Als Investition sozusagen. Und ich hoffe sehr für uns beide, dass die sich auszahlen wird.« Seine Miene wird unvermittelt ernst, eindringlich, fast verschwörerisch. »Wir sind doch Kameraden, oder etwa nicht?«

Meine Kehle schnürt sich zu.

»Da gibt es ein Hotel mit angeschlossenem Golfplatz, oben bei Inverness. Genau mein Ding. Golfen kann ich nämlich noch, auch wenn ich zu keinem anderen Sport mehr in der Lage bin.«

Ich höre die unausgesprochenen Worte. *Durch deine Schuld.*

»Ich will ein Resort daraus machen, nicht nur für Golfer. Für Sportler aller Art! Ein Sport-Resort.«

Ich weiß nicht, was ich darauf erwidern soll, also schweige ich.

»Mir fehlt nur noch ein klein wenig Startkapital.« Er starrt mir ins Gesicht. »Und da du mein guter Kamerad bist, wirst du mir dazu verhelfen. Es hat doch schon mal geklappt.«

Mir bricht der Schweiß aus. Das kann nicht sein Ernst sein! »Niemals!«, stoße ich hervor. »Auf keinen Fall!«

Er geht nicht auf meine Worte ein. »Ich hab mich umgehört, schon bevor ich hergekommen bin. Deine Mannschaft steht gut da. Ihr seid mittlerweile die Favoriten für den ersten Platz in der Big Sky Conference. Schon in elf Tagen ist das große Finale der regulären Saison, das Stadtderby gegen die UC Davis. In eurem heimischen Stadion.« Er zieht einen Mundwinkel hoch. »Und mein guter Freund Ethan, Quarterback, wird dafür sorgen, dass seine Ravens dieses letzte Spiel vergeigen.«

Alles dreht sich um mich, Häuser, Menschen und Bäume verschwimmen. Ich erlebe Flashbacks zu einer Unterhaltung in Brandons Zimmer vor knapp einem Jahr. *Du musst mir helfen. Du musst! Ich brauche das Geld. Sei kein Kameradenschwein. Du musst mir helfen. Du …*

»... musst mir helfen. Bitte, Ethan. Ein letztes Mal. Nur dieses eine Spiel. Ihr seid so hoch favorisiert, dass ich nicht mal viel setzen muss. Mein letztes Geld, Ethan. Bitte!«

»Ich kann das nicht.« Habe ich es wirklich gesagt oder nur gedacht? Mein Mund ist staubtrocken. Mit zitternden Fingern greife ich nach dem Kaffee, will trinken, schütte ihn mir aber über den Hoodie.

»Dann willst du wieder ein Kameradenschwein sein, so wie vor sechs Monaten, als du einfach abgehauen bist?«

Kameradenschwein ...

»Ich habe alles getan, was du wolltest«, rufe ich verzweifelt und viel zu laut. Ich blinzele krampfhaft, um den Schwindel zu vertreiben. »Es ist nicht meine Schuld, dass wir aufgeflogen sind«, ergänze ich leiser.

»Aber du warst froh darüber, gib es zu.«

»Ja! Weil ich das nicht kann. Ich kann nicht lügen und betrügen. Ich habe schon eine Mannschaft damit geschädigt, und ich werde meinen Jungs hier nicht dasselbe antun.«

»Dann sind es bald nicht mehr deine Jungs«, sagt Brandon gehässig. »Sobald sie erfahren, was du getan hast.«

»Das würdest du tun? Mein Leben hier zerstören, auch wenn es dir gar nichts einbringt? Wer ist jetzt das Kameradenschwein?«

»Dein Leben zerstören?«, zischt Brandon. »Blödsinn. Es ist ja schließlich nicht so, als würde ich dir die Kniescheibe zertrümmern und deine Karriere beenden.« Dann ändert er seinen Tonfall, spricht sanfter, bittend. »Ein einziges Spiel. Niemand wird etwas merken.

Nächste Saison startest du wieder durch. Ich hab mein Startkapital, und das nächste Mal, wenn wir uns sehen, empfange ich dich in meinem Resort wie einen König.«

Ich vergrabe das Gesicht in den Händen und senke den Kopf auf meine Brust. Sie riecht nach Kaffee und Angstschweiß. »Ich kann das nicht.«

»Dann werden alle erfahren, warum du aus England weggegangen bist. Wenn du tust, was ich verlange, erzähle ich ihnen dagegen, dass du ein Supertyp bist, treu, aufopfernd der Mannschaft gegenüber ...«

Brandon zuckt mit den Schultern. Ich sehe es nicht, aber ich weiß es. Ich kenne ihn ebenso gut wie er mich.

»Deine Entscheidung«, setzt er hinzu.

»Dein Plan hat einen Haken.« Ich richte mich auf, starre geradeaus, ohne wirklich etwas zu sehen. »Ich bin kein Quarterback. Ich bin Runningback.«

»Was?«

Da er erregt klingt, sehe ich ihn an. »Ja. Ich bin der Ersatz-Quarterback. Eigentlich der zweite Ersatzmann, aber der eigentliche zweite Quarterback Charlie hat sich im dritten Saisonspiel verletzt und fällt den Rest der Saison aus. Cooper, unsere Nummer eins, erfreut sich jedoch bester Gesundheit. Nie und nimmer komme ich im Saisonfinale als Quarterback zum Einsatz.«

»Aber Lindsey hat gesagt ...« Er bricht ab. »Was genau macht ein Runningback?«

»Er erhält den Ball vom Quarterback oder ist Passempfänger, sucht die Lücke, um die Defense zu durchbrechen, und will möglichst viel Raumgewinn mit dem Ball erzielen.«

»Na, dann erzielst du eben mal keinen guten Raumgewinn.«

»Dann gibt mir Cooper den Ball nicht mehr, ganz einfach. Er hat noch zig andere Möglichkeiten. Außerdem müssen die Gegner ja auch immer noch eigene Punkte erzielen, und unsere Defense wird alles geben, um dies zu verhindern.«

Moment! Befinde ich mich hier bereits mitten in der Diskussion darüber, das Saisonfinale zu manipulieren? Versuche ich jetzt schon, mich damit herauszureden, dass ich auf meiner Position nichts ausrichten kann? Das ist doch verrückt! Ich muss Brandon die Meinung sagen. Ich darf doch nicht den gleichen Fehler, der mein Leben zerstört hat, wiederholen!

Nur dass es zerstört sein wird, wenn ich es nicht tue.

Und doch wird Brandons Leben immer noch zerstörter sein, unwiederbringlich. Durch deine Schuld.

»Es geht nicht«, sage ich, aber es klingt lahm. »Wenn ich erwischt werde, lande ich im Knast.«

»Ist in England auch nicht passiert. Die werden wieder keine Beweise finden. Außerdem erwischt dich niemand. Elf Tage, Ethan. In elf Tagen lässt du ein paarmal den Ball fallen, stolperst über deine eigenen Füße, verursachst ein bisschen Chaos auf dem Platz, ihr verliert – und ich gewinne. Dann bist du mich los, endgültig.«

»Wie soll ich dir das glauben? Du bist hier, oder nicht?«

Er grinst. »Weil du abgehauen bist und mich alleingelassen hast. Wenn ich aus eigenem Antrieb gehe, bleibe ich weg. Versprochen.« Er steht auf. »In zwölf Tagen bist du mich los. Dann kannst du dein neues Leben genießen. Und ich meins hoffentlich auch.« Sein Blick fällt auf meinen Donut. »Isst du den nicht mehr?«

Ich schüttele stumm den Kopf und reiche ihm das Gebäck. Er beißt direkt hinein.

»Lecker«, nuschelt er. »Also dann. Bis bald, Ethan.« Er dreht sich um und geht – humpelt – beinahe beschwingt davon.

Ich starre ihm nach und kann nicht glauben, was soeben passiert ist. Und noch viel weniger kann ich glauben, dass ich ernsthaft in Betracht ziehe, zu tun, was Brandon verlangt.

Tue ich das denn? Könnte ich ... Erneut? Ich sehe Leroy vor mir, sein aufrichtiges Gesicht. Emilio, wie er Witze reißt. Jay und Tim, wie sie nach jedem Spiel ihre Ehrenrunde mit der Ravens-Flagge laufen. Sogar Cooper. Ein Sieg in der Big Sky Conference wäre ein Riesending für ihn und seine Community. *Schwuler Quarterback führt seine Mannschaft in die Playoffs.*

Darf ich ihnen das kaputtmachen, weil ich selbstsüchtig bin? Weil ich mein neues Leben, meine neue Liebe nicht aufgeben will?

Aber muss ich denn immer weiter für den einen Fehler büßen? Ja, sicher, ihn zu wiederholen wäre dumm, aber ...

Nur noch das eine Mal.

Zwölf Tage, und ich wäre frei. Und vielleicht kann ich auf meiner Position sowieso nicht viel ausrichten. Ich werde ja nicht Quarterback spielen. Wenn ich auf Brandons Forderungen eingehe und wir dann doch siegen, weil ich nichts unternehmen kann – ob er mich dann in Ruhe lässt, auch ohne Geld? Zwölf Tage, um mir einfallen zu lassen, wie ich ihn überzeugen kann, es mit Arbeiten zu versuchen anstatt mit Betrug. Dazu muss ich unser Verhältnis verbessern. Ihn treffen, Zeit mit ihm verbringen.

Abby … Was soll ich nur mit ihr machen? Ich kann sie doch nicht bis nach dem Finale hinhalten! Lindsey wird ihr sowieso unter die Nase reiben, dass Brandon hier ist. Sie wird mich spätestens morgen löchern, um wen es sich da handelt und was er will.

Ich kann Abby nicht anlügen. Und um sie nicht anzulügen, darf ich sie nicht sehen.

Aber fast zwei Wochen lang? Schon der Gedanke bricht mir das Herz. Vielleicht schaffe ich es, die Treffen auf wenige kurze Begegnungen zu reduzieren, verstärktes Abschlusstraining vorzutäuschen – wobei wir tatsächlich mehr trainieren werden – und sie dazu bringen, bei unseren Dates weniger zu reden und mehr andere Dinge zu tun.

Ich weiß jetzt schon, dass das nicht funktionieren wird. Wenn ich mich zurückziehe und ihr keine plausible Erklärung gebe, verliere ich sie. Ich kann nur zurzeit keinen klaren Gedanken fassen. Irgendwie überleben, bis der Spieltag da ist. Brandon in Sicherheit wiegen, damit er nichts ausplaudert. Mir das Gehirn zermartern, wie alles weitergehen soll.

15

Abigail

Ich bin nervös. Irgendwie waren die letzten anderthalb Wochen die merkwürdigsten meines Lebens. Ich habe Ethan genau zweimal gesehen. Einmal war er im Café – etwa eine halbe Stunde lang –, das andere Mal in meinem Apartment. Er hat mich förmlich ins Bett geschleift und danach darauf bestanden, fürchterlich müde zu sein. Obwohl mich unendlich viele Fragen quälen, habe ich bisher keine Antworten erhalten. Das zerrt an meinen Nerven. Ich fühle mich hin- und hergerissen. Ich verstehe, dass diese Zeit auch für ihn anstrengend ist, schließlich trainiert seine Mannschaft ohne Unterlass. Herrje, die Ravens können in die Playoffs einziehen, und das lag seit zwei Jahrzehnten nicht mehr im Bereich des Möglichen. Die ganze Stadt ist in Aufruhr, und ich möchte ihn gar nicht ablenken. Dom besteht darauf, dass Ethans merkwürdiges Verhalten, sein Ausweichen und die knappen Nachrichten daran liegen.

Ich steige aus dem Bus und werde direkt weitergeschoben. Zwar ist der öffentliche Nahverkehr nicht die beliebteste Art, irgendwohin zu kommen, aber zu einem Heimspiel ist es schon besser, den Wagen stehen zu lassen. Somit herrscht auf dem Fußweg zum Stadion genauso viel Betrieb wie auf dem Parkplatz am anderen Ende des Geländes. Ich lasse mich zur Seite drängen, schließlich muss ich nicht zu den Zuschauereingängen, die noch gesperrt sind, sondern in den Spielerbereich. Zum Glück erwartet das Management der Ravens, dass sie das Spiel klar gewinnen, und hat eine Feier geplant. Claire wird die Glückwünsche überbringen, deswegen besteht für meinen Plan, mich ins Stadion zu schmuggeln, auch eine kleine Erfolgschance.

Am Ende muss ich auf meine Schwester jedoch gar nicht zurückgreifen, denn kaum erreiche ich den Mannschaftsparkplatz, entdecke ich Ethan. Er sitzt in seinem Wagen und starrt vor sich hin.

Er wirkt grimmig, und ich bleibe stehen. Störe ich ihn? Will er mich nicht sehen, weil er sich nun voll und ganz auf das anstehende Spiel konzentrieren muss? Meine Wettkämpfe sind nie sonderlich erfolgreich verlaufen und mein Trainer hat dies häufig auf mein Mindset geschoben. Ich besaß wohl keinen Biss, konnte mich nicht durchsetzen und gab zu schnell auf. Nun, da könnte schon etwas dran sein. Hier, in diesem Moment, denke ich jedenfalls kurz darüber nach, aufzugeben. Einfach umzudrehen und zu gehen. Aber ich habe mir vorgenommen, Ethan zu unterstützen und ihm genau dies auch zu sagen: dass ich verstehe, dass er in den letzten Wochen viel um die Ohren hatte und ich daher zurückstecken musste. Aber eben auch, dass ich hoffe, dass er sich nach diesem Spieltag mit mir und meinen Befürchtungen auseinandersetzt.

Ich hebe die Hand. Winke unsicher. Ethan reagiert nicht, starrt nur weiter geradeaus.

Ich schließe die gehobene Hand zur Faust. Mein Magen rebelliert. Ich weiß, dass ich mich hin und wieder in Dinge hineinsteigere. Auch jetzt ist mein erster Gedanke, dass ich Ethan erwischt habe – bei was auch immer. Dass ich nur hier stehen und beobachten muss und so hinter sein Geheimnis komme. Aber da gibt es auch andere Möglichkeiten. Ich könnte Lindsey zuhören. Ich könnte selbst nach dieser Jane suchen und meine Fragen an sie richten.

Ich gebe mir einen Ruck, denn ich will Ethan nicht verlieren. Ich möchte ihm jede Chance geben, mein Vertrauen zu verdienen und sich mir anzuvertrauen, auch wenn er … bisher etwas verborgen hat. Meine Knie fühlen sich wie Pudding an und ich muss krampfhaft schlucken. Ich gehe langsam auf seinen Wagen zu und bemerke irritiert, dass Ethan noch immer unbewegt vor sich hin starrt.

Wieder hebe ich die Hand und winke.

Ich bin nur noch zwei Autolängen entfernt, und es herrscht absolute Stille auf dem Parkplatz. Die Spieler sind wohl schon im Stadion und wärmen sich auf. Selbst das Team der UC Davis ist bereits drinnen, denn dessen Mannschaftsbus steht nur wenige Meter hinter Ethans Wagen.

Ein schriller Pfiff schreckt nicht nur mich auf. Auch Ethan zuckt heftig zusammen. Sein Blick fokussiert sich, Verwirrung huscht über seine Miene, dann wird er blass.

Ich sehe mich um, schließlich gibt es keinen Grund, warum mein Anblick Ethan erschrecken sollte. Einer seiner Teamkollegen, Emilio, joggt in unsere Richtung und schwenkt die Arme.

»Wo bleibst du, Mann?«, ruft er. Emilio steckt bereits in seiner Schutzkleidung und hat lediglich auf seinen Helm verzichtet.

Ich sehe wieder zu Ethan, der nun aus dem Wagen steigt und die Tür zuwirft. Unsere Blicke kreuzen sich, und ich stoße den Atem aus.

Emilio schlingt einen Arm um meine Taille und zieht mich mit. »Warum kommst du so spät?«, fragt er mich. »Ethan, du kannst doch nicht ewig draußen auf deine Freundin warten, wir brauchen dich drinnen.«

»Das war nicht geplant«, murmelt Ethan und wischt sich die Hände an den Schenkeln ab. Er ist blass. Die Sommersprossen in seinem Gesicht zeichnen sich deutlicher ab als sonst, seine Augen wirken umschattet. Aber er hat sicher nur schlecht geschlafen, weil er – genau wie der Rest der Stadt – wahnsinnig aufgeregt ist, dass die Ravens genau ein Sieg davon trennt, die Conference zu gewinnen und in die Playoffs einzuziehen.

Emilio lässt mich los und verzieht sich mit einem letzten: »Mach schnell, Junge!«

Ich lächle zittrig. »Entschuldige«, krächze ich. »Ich ... wollte dir persönlich viel Glück wünschen und ... du hattest ja keine Zeit für ein Skype-Gespräch.« Ich tänzele nervös auf Ethan zu und drücke ihm einen Kuss auf den Mundwinkel. Er ist so distanziert, dass mir ein kalter Schauer über den Rücken läuft. Ich muss an den Morgen nach unserer letzten Nacht denken, als er sich ähnlich verhalten hat: ablehnend, zögerlich.

Mir brennen die Augen. Ethan ist wohl doch inzwischen aufgefallen, dass ich nicht die Richtige für ihn bin. Eine andere Erklärung für seine Kälte fällt mir einfach nicht ein.

»Danke«, flüstert er und legt den Arm locker um mich. Er drückt mich kurz, fast lieblos an sich. »Das ist lieb, dass du extra rauskommst ... Musst du nicht arbeiten?«

Ich nicke und trete von ihm zurück. Ich bin so nervös, dass ich sofort an meinen Nägeln herumknibbele und seinem Blick ausweiche. »Ja. Ich gehe besser wieder.«

Er nickt, und ich senke den Blick, damit er meine Tränen nicht bemerkt. »Es ist schön, dich zu sehen.« Er drückt meine Finger. »Kann ich ...« Seine Stimme bricht, er räuspert sich. »Können wir uns später treffen?«

Ich runzele die Stirn. Das ist doch eine merkwürdige Frage. »Du wirst feiern wollen.« Oder geht Ethan nicht davon aus, dass die Ravens den Titel holen?

»Ja«, krächzt er. »Mit dir.«

Ich sehe auf, nicht sicher, ob ich ihn richtig verstehe. Ich bin aufrichtig verwirrt, da er so widersprüchlich wirkt. Ich weiß nicht, wie ich ihn einschätzen soll. »Ich habe nicht das Gefühl ...«

»Bitte!«, unterbricht er mich, und so etwas wie Panik leuchtet in seiner Miene auf. »Abby ... Ich weiß, ich habe meine Fehler, aber ...«

»Du benimmst dich seltsam«, stelle ich mit erzwungener Ruhe fest. »Ich weiß nicht, wie ich damit umgehen soll.«

Er blinzelt. Es sieht aus, als müsste er Tränen vertreiben, und das schlechte Gewissen macht sich in mir breit. Ethan steht kurz vor einem wichtigen Spiel und braucht nun weder Verwirrung noch Ablenkung. Wir können später klären, was zwischen uns nicht funktioniert. Das muss nicht vor dem wichtigsten Spiel der Saison geschehen.

Also lächle ich so aufmunternd, wie es mir möglich ist, und lehne mich zu ihm. »Ethan«, wispere ich und drücke ihm einen Kuss auf die starren Lippen. »Mach dir jetzt keine Sorgen.«

»Sehen wir uns?«, hakt er drängend nach. »Bitte!«

»Ja«, versichere ich ihm und grinse. »Ich freue mich auf dich. Ich arbeite, aber meine Schicht endet ja um sechs.«

Ethan stößt den Atem aus, seine Lippen verziehen sich zu einem kleinen Lächeln. »Wunderbar. Ich liebe dich, Abby.«

16

Ethan

In der Kabine herrscht verständlicherweise nervöse Unruhe, aber ausgerechnet Headcoach Gerber ist ein menschliches Wrack. Als ich eintrete, bleibe ich wie erstarrt stehen. Er sieht aus, als würde er im nächsten Moment einen Herzinfarkt erleiden. Schweißperlen stehen auf seiner Stirn, seine Haut ist ungesund kalkweiß, nur die Wangen leuchten feuerrot. Wie ein aufgescheuchtes Huhn läuft er auf und ab, das Handy am Ohr, ohne etwas zu sagen.

»Wo ist der Kerl?«, brüllt er plötzlich, holt aus, schleudert das Telefon dann aber doch nicht gegen die Wand, sondern lässt den Arm sinken.

»Los, zieh dich um«, raunt Leroy mir zu. »Gib ihm nicht noch mehr Grund, auszuticken.«

»Was geht denn hier ab?«, flüstere ich zurück.

»Cooper ist nicht aufgetaucht.«

Der Schreck fährt mir in alle Glieder. »Wie bitte?«, keuche ich, dann schüttele ich den Kopf. »Der kommt sicher gleich.« Schließlich bin ich auch zu spät.

Da bleibt der flammende Blick unseres Cheftrainers an mir hängen. Sein ausgestreckter Zeigefinger sticht in meine Richtung. »Du!«

»Ich ... bin gleich so weit«, stottere ich und eile zu meinem Spind.

Gerber tritt zu mir und packt meine Schultern. »Du kennst alle Spielzüge, richtig? Du bist von Tag eins eine wandelnde Kopie meines Playbooks. Du weißt, was du zu tun hast. Richtig? *Richtig?*«

Mein Kopf schwirrt. Ich schlucke trocken. »Alle ... Spielzüge?«

»Des Quarterbacks!«, bellt Gerber.

Mein letztes Gespräch mit Brandon schießt mir durch den Kopf.

Keine Sorge, Mann. Niemand wird dir Vorwürfe machen. Im Gegenteil, sie werden denken, dass du dein Bestes gegeben hast.

Wie das, wenn ich die Spielzüge verkacke, die ich die ganze Saison trainiert und unzählige Male perfekt ausgeführt habe?

Das lass meine Sorge sein.

Dann hat Brandon mir zugezwinkert. In dem Moment habe ich nicht weiter darüber nachgedacht, was er damit meinen könnte. Jetzt kann ich an nichts anderes mehr denken. Hat er dafür gesorgt, dass ich eben nicht die hundertmal perfekt ausgeführten Draws, Sweeps und Bootlegs des Runningbacks spielen werde, sondern die Routinen des Quarterbacks, die vielleicht in jeder dritten Trainingseinheit mal vorkamen – und noch nie in einem wichtigen Spiel? Mir bricht der Schweiß aus. Wo ist Cooper? Hat Brandon ihm etwas angetan? So weit würde er doch nicht gehen! Obwohl – vielleicht kenne ich ihn nicht so gut, wie ich dachte.

»Ethan, Junge!«, fleht Headcoach Gerber. »Du kippst mir jetzt nicht um, oder? Ich brauche dich! Das Team braucht dich!«

»Wir müssen Cooper finden!«, krächze ich.

»Jaja, es wird ja schon nach ihm gesucht. Aber in einer Dreiviertelstunde ist Kickoff. Wir müssen vom Schlimmsten ausgehen.« Er reibt sich die Stoppelhaare. »Nicht für Cooper. Der ist sicher in Ordnung. Aber vom Schlimmsten für das Team. Du bist der einzige Quarterback, den wir haben. Du musst den Karren für uns aus dem Dreck ziehen. Du kannst das, Ethan! Ich weiß, dass du es kannst!«

»Das wissen wir alle«, ergänzt Leroy fest.

Ich blicke an Headcoach Gerber vorbei. Das ganze Team steht geschlossen vor uns. Ich sehe in die Gesichter meiner Kameraden, erkenne das Vertrauen, die Hoffnung. Und die Angst. So verschieden diese Gesichter sind – dieses Spiel ist nicht nur für das Prestige der Uni, sondern für jeden einzelnen der Jungs ein großes Ding.

Und plötzlich weiß ich eines mit hundertprozentiger Sicherheit: Ich kann und werde sie nicht enttäuschen! Ich werde mir den Arsch für sie aufreißen, ganz egal, wie es für mich ausgeht. Ich lasse mich nicht länger erpressen. Auch wenn das bedeutet, dass ich nach diesem Spiel alles verliere – dieses Spiel werde ich nicht verlieren! Nicht absichtlich.

Und wenn wir doch unterliegen und irgendwie herauskommt, dass ich diese Absprache mit Brandon hatte? Im Nachhinein wird mir niemand glauben, dass ich den Ausgang des Spiels nicht manipuliert habe. Ich muss jetzt, in diesem Augenblick, reinen Tisch machen. Ich muss dem Coach die Wahl lassen, ob er mich dennoch aufs Feld schickt. Theoretisch gibt es zwei weitere Jungs, die er als Quarterback aufstellen könnte, nur war ihre Chance auf einen Einsatz bislang so gering, dass sie sich im Training auf die Plays ihrer regulären Positionen konzentriert haben. Sie werden nicht das nötige Selbstvertrauen aufbringen, um die Offense anzuführen. Und dann ist da noch Pete, der zumindest selbst davon überzeugt ist, Quarterback spielen zu können, wobei er es noch nie unter Beweis gestellt hat. Dennoch, Gerber könnte einen anderen aufstellen, wenn er mir nicht vertraut.

»Coach Gerber, können wir kurz allein reden?«

Er verengt die Augen. »Warum? Wir haben nicht die Zeit –«

»Bitte«, sage ich eindringlich.

»Du lässt uns nicht hängen, oder?« Emilio starrt mich an. Ein Murmeln geht durch die Reihen der Jungs.

»Ich muss kurz mit dem Coach reden«, weiche ich aus.

»Okay, dann komm.« Gerber legt mir die Hand auf den Rücken und schiebt mich zum Trainerbüro. »Wir haben keine Zeit zu verlieren.« Er schließt die Tür hinter uns, geht hinüber zum Schreibtisch und lehnt sich mit dem Hintern dagegen, als benötigte er den Halt. »Was ist los?«

Ich hole tief Luft, dann platze ich heraus: »Ich bin aus England weg, weil ich Rugbyspiele manipuliert habe.« Mir ist so schwindlig, dass ich mich mit dem Rücken an die Wand lehnen muss.

Gerber starrt mich an. »Weiter«, knurrt er.

»Ich wurde von einem Freund erpresst, es zu tun. Er hat Wetten platziert und gewonnen. Dann flog die Sache auf, und ich musste weg. Jetzt ...« Ich muss mich räuspern, um weitersprechen zu können. »... ist der Mann hier aufgetaucht und verlangt, dass ich das Spiel heute vergeige. Damals war es emotionale Erpressung, heute droht er damit, allen die Wahrheit zu sagen und mein neues Leben zu zerstören.«

Gerber hebt die Hand. »Warte mal. Du musstest weg? Bist du auf der Flucht?«

»Nein ... Ja. Aber nicht vor den Behörden, nur vor meiner Vergangenheit. Ich schäme mich so.«

»Und dennoch willst du es wieder tun.« Die Enttäuschung verzerrt sein Gesicht. »Ich dachte, du bist ein Teamplayer. Ich dachte, du gibst alles für die Jungs.«

Sein Blick schmerzt mich. »Das habe ich, von Anfang an«, sage ich leise. »Und ich will es auch heute tun.«

Er starrt mich stumm an.

»Ich hatte solche Angst, alles zu verlieren, was ich mir hier gerade aufgebaut habe. Meine Freundin ... Hätte ich mich geweigert, hätte mein früherer Freund ihr von damals erzählt, und sie hätte mich sofort verlassen. Sie hasst Lügner.« Ich verdränge Abbys Bild, das mir sogleich vor Augen tritt. Um sie muss ich mir später Gedanken machen. »Und die Jungs da draußen ... Sie erinnern mich so sehr an mein altes Team, das ich durch meine Dummheit geschädigt und letztlich verloren habe. Sie hätten mir doch nie wieder vertraut, wenn sie erfahren hätten, was ich mir in England habe zuschulden kommen lassen. Und das ist ja auch verständlich. Wer setzt sich schon eine Natter ins Nest?« Ich schlucke gegen die Übelkeit an. »Ohne das Team kein Football, ohne den Football keine Zukunft für mich ... Ich hätte alles verloren. Nur deshalb habe ich dem Plan dieses ehemaligen Freundes zugestimmt. Aber ich habe damit die ganze Zeit gehadert, bitte glauben Sie mir. Ich wollte nie jemanden betrügen! Ich wusste nur nicht, was ich tun —«

Der Coach hebt die Hand und unterbricht meinen verzweifelten Redefluss. »Was hat sich geändert?«, fragt er ausdruckslos. Nur ein Zucken seines Kiefers verrät seine Anspannung.

»Mir ist klar geworden, dass ich es nicht tun kann. Diese Jungs verdienen, dass jeder im Team sein Bestes gibt. Sie haben mich aufgenommen, einen Fremden aus einem anderen Land, einer anderen Sportart. Für alle von ihnen ...« Ich sehe Pete vor mir, und mir fällt auf, dass ich ihn vorhin in der Kabine nicht bei den anderen bemerkt habe. »... *fast* alle von ihnen war ich von Anfang an ihr Kamerad. Wenn ich sie verlieren muss, dann nicht, weil ich sie betrogen habe. Sondern weil ich ehrlich war. Ich will nicht mehr lügen.«

»Du wirst heute dein Bestes geben?«

Ich nicke eifrig. »Ja! So wie in allen anderen Spielen der Saison. Ich werde mir den Arsch aufreißen, das schwöre ich!«

Er stößt sich vom Schreibtisch ab, tritt vor mich und packt meine Oberarme. »Enttäusch mich nicht!«

»Niemals.« Ich lege mehr Sicherheit in meine Stimme, als ich verspüre. Quarterback. Die verantwortungsvollste Position in der Offense. Was, wenn ich wirklich Spielzüge versaue? Wird er mir glauben, dass es keine Absicht war? Ich darf einfach nicht scheitern!

Und wenn ich nicht scheitere und wir gewinnen? Dann verliert Brandon sein letztes Geld. Was wird er dann tun? Angst erfasst mich unvermittelt. Wenn er etwas mit Coopers Verschwinden zu tun hat ... Wird er sich rächen wollen? Vielleicht etwas mit Abby anstellen?

»Also los, Junge.« Headcoach Gerber klopft mir auf beide Schultern. »Ich vertraue dir. Wir holen das Ding heute.«

Das Glücksgefühl, das mich bei diesen Worten durchströmt, vertreibt die Angst. Ich kann jetzt sowieso nichts an Brandons möglichen Handlungen ändern, und vielleicht ist Cooper ja inzwischen aufgetaucht.

»Wir sagen dem Team im Moment nichts«, fügt Gerber hinzu. »Aber wenn das hier vorbei ist, machst du auch bei den Jungs reinen Tisch, klar?«

»Auf jeden Fall!« Ehe Brandon ihnen von meinen Verfehlungen erzählt, tue ich das lieber selbst.

Wir gehen zurück in die Kabine.

»Was von Coop gehört?«, ruft Gerber in die Runde.

Verneinendes Gemurmel.

Verflucht!

Ich gehe zu meinem Spind und ziehe meine Montur an.

»Alles gut?«, fragt Leroy.

»Ja. Ich brauchte nur ein paar aufmunternde Worte. Quarterback. Verdammte Scheiße.«

»Du packst das.« Leroy zwinkert mir zu. »Wenn nicht, wird meine Süße dich vermöbeln.«

»Mach mir nicht noch mehr Angst, als ich sowieso schon habe.« Ich kichere halbherzig. Es ist nicht möglich, meine Angst noch zu steigern. Ich bestehe zu einhundert Prozent daraus. Was, wenn wir verlieren? Was, wenn wir gewinnen? Was, wenn Cooper etwas zugestoßen ist?

Was, wenn Abby etwas passiert?

Sollte ich sie warnen? Ich greife schon nach meinem Handy, dann rufe ich mich zur Ordnung. Ich bin paranoid. Brandon ist doch kein Mörder! Aber wo steckt Cooper?

Ein Pfiff gellt durch die Kabine. »Es geht los, Jungs! Raus auf den Platz!«

Ich schlage meinen Spind zu und atme tief durch.

17

Abigail

Der Fernseher läuft. Wie jedes Spiel wird auch das Stadtderby live in Dominics Café übertragen, und so bekomme ich hautnah mit, dass es eine Änderung der Mannschaftsaufstellung der Ravens gibt. Ich starre fassungslos auf den Bildschirm, und meine Ohren sirren gehörig. Gerade wurde durchgegeben, dass Ethan anstelle von Cooper auf der Position des Quarterbacks spielt.

»Was zum …« Kein Wunder, dass er so durcheinander gewirkt hat!

»Nanu«, meint der Kunde, den ich gerade bedienen soll, und schüttelt den Kopf. »Ich habe mein Geld wegen Cooper Davison auf die Ravens gesetzt, und jetzt spielt er nicht?«

»Zumindest nicht im ersten Viertel«, murmele ich und reiße mich vom Bildschirm los. »Hier ist dein Karamell-Latte.« Wie üblich thront das Ravens-Emblem auf der Schaumkrone, aber das Schokopulver habe ich vergessen.

»Es ist wohl besser, wenn ich meine Wette zurückziehe.«

»Nein.« Ich lächle dem Kunden zu. »Ethan ist super als Quarterback, die Ravens werden siegen.« Ich sehe ihm nach, bis die Tür hinter ihm zufällt. Da es nicht nur ein Heimspiel, sondern auch ein Heimderby ist, befindet sich die gesamte Stadt im Stadion, und diejenigen, die dort keinen Platz ergattern konnten, sitzen offenbar zu Hause vor den Fernsehern. Ich habe genau einen Gast im Haus, Renee, und die zeichnet, anstatt sich für das Spiel zu interessieren. Viel zu tun ist daher nicht, und meine Gedanken kreisen um Ethan. Er hätte doch erwähnen können, dass er als Quarterback aufgestellt ist. Dann hätte ich Dom auch sagen können, dass er nicht extra ins Stadion fahren muss, schließlich ist er nur dort, um Coop live in Aktion zu sehen.

Das erste Quarter neigt sich dem Ende zu, und ich reinige gedankenverloren die Schaumdüse, als die Türglocke mich aus der Verwunderung reißt.

»Hilfe!«, japst eine wohlbekannte Stimme in meinem Rücken. »Ich brauche Hilfe!«

Ich drehe mich irritiert zu Lindsey um, die auf den Tresen zugerast kommt und sich halb darüberwirft. Sie greift nach mir und schüttelt mich. »Hilf mir!«

Ihre großen, blauen Augen sind so weit aufgerissen, dass ich gleich alarmiert bin. »Was hast du? Brauchst du ... einen Krankenwagen? Die Polizei?«

Sie nickt, schüttelt dann den Kopf. »Ich weiß nicht! Nein? Doch! Woher soll ich das wissen?«

Meine Verwirrung wächst. »Okay. Wenn du weißt, was du brauchst –«

»Hilfe«, keift sie. »Ich brauche oben Hilfe!« Sie stößt den Atem aus und presst die Lider zusammen. »Da ist ein Typ im Bad!«

»O Gott, ein Einbrecher? Ich rufe die Polizei!« Ich streife Lindseys Hände ab, aber sie fasst gleich wieder nach mir.

»Nein! Warte doch! Ich glaube, der ist …« Sie bricht ab, bleich und schwer atmend schaut sie sich um. »Ich glaub, der ist tot«, wispert sie dann. »Ist das Renee? Kann die Erste Hilfe?«

»Ich kann … Moment!« Wieder streife ich Lindseys Hände ab, da sich ihre Nägel schmerzhaft in mein Fleisch bohren. »Moment!« Ich sehe ebenfalls zu Renee. »Was redest du denn da?«, frage ich leise. »Wenn du einen Toten da oben hast …« Mir wird ungemütlich zumute. Ich sollte auf der Stelle die Polizei informieren und mich nicht in Lindseys Mist ziehen lassen. »Dann …«

»Vielleicht ist er nicht tot«, räumt Lindsey ein. Sie schüttelt den Kopf. »Keine Ahnung. Jemand muss nachsehen!«

Ich starre sie einen Moment an. »Ja«, stelle ich dann fest. »Du.«

»Nein!«, kreischt sie und macht Renee nun doch auf uns aufmerksam. Diese sucht meinen Blick und hebt fragend die Brauen.

Ich lächle gezwungen und beuge mich dann über den Tresen, damit meine Worte deutlich zu verstehen sind, auch wenn ich meine Stimme gesenkt halte. »Hör zu, wenn in deiner Wohnung jemand Hilfe benötigt, ist das dein Problem. Es ist sicher dein Date und …«

»Nee!«, unterbricht sie mich und krallt wieder ihre Nägel in meinen Arm. »Ich glaube …« Sie schaut zum Bildschirm und wird noch blasser. »Es könnte Cooper sein.«

Ich starre sie an. »Wie bitte?«

Lindsey verdreht die Augen. »Ich bin mir nicht sicher. Da liegt ein nackter Typ in meiner Badewanne und sieht echt nicht gut aus. Das ist alles, was ich weiß!«

Kalte Schauer wandern meinen Rücken auf und ab. Cooper! Deswegen steht er nicht auf dem Platz!

Ich reiße mich los, um mein Handy hervorzukramen, und rufe Dom an, nicht sicher, was ich tun soll. »Renee, tut mir leid, aber ich muss den Laden kurz schließen.«

»Oh.«

»Raus«, bellt Lindsey. »Siehst du nicht, dass du störst?«

»Lindsey!« Ich bin schockiert, wie sie mit meiner Kundschaft spricht. »So nicht! Ich helfe dir, aber du wirst ein Mindestmaß an Höflichkeit wahren, verstanden?« In dem Moment nimmt Dominic das Gespräch endlich an. »Dom? Ich habe hier ein Problem.«

»Im Café?«, brummt mein Chef und klingt dabei nicht, als wäre er im Stadion. »Oder in deinem Privatleben? Offenbar spielt Ethan Thomas heute als Quarterback. Ich wusste gar nicht, dass er dafür trainiert.«

»Er trainiert auf allen Positionen mal«, erkläre ich abgelenkt. »Aber –«

»Und jetzt willst du bei seinem großen Triumph dabei sein und mir deine Schicht aufdrücken?« Er seufzt.

Ich rolle mit den Augen. »Nein, wir –«

»Nein? Du bist mir eine! Ich würde meinen linken Hoden dafür geben, dabei zu sein, wenn mein Freund den Conference-Titel für sein Team holt!«

»Jetzt hör mir doch mal zu, Dominic!« Überraschenderweise hat mein Ausbruch Erfolg, denn er verstummt. Lindsey schiebt Renee und mich durch die Tür

hinaus. »Ich muss weg. Lindsey hat oben ein Problem.«
Ich schließe ab und folge ihr in den Hinterhof, wo sich
der Eingang zu den Wohnungen oberhalb des Cafés befindet.

»Wie bitte?«

Wir joggen die zwei Stockwerke zu Lindseys Wohnung hoch. Diese ist klein, besitzt aber drei Zimmer,
eine Kochnische im Wohnbereich und ein Badezimmer
mit Wanne, und in genau dieser liegt Cooper. Der
durchdringende Gestank von Erbrochenem liegt in der
Luft, Reste kleben auf seiner Brust.

»O verdammt«, wispere ich. »Dom, ich muss den Ret-
tungsdienst verständigen.«

»Den ... Was zum Teufel ist los bei dir? Ich bin gleich
da.«

»Gut«, murmele ich und stelle ihn auf Lautsprecher,
bevor ich das Telefon auf dem Wannenrand ablege.
»Coop?«, spreche ich ihn laut an. »Cooper?« Mir bleibt
wohl keine andere Wahl, als ihn anzustupsen. Das ist
eine verdammt peinliche Situation, denn obwohl ich
ihn mein halbes Leben kenne und er oft genug bei uns
übernachtet hat, bekomme ich ihn gewöhnlich nicht
nackt zu sehen. Ich stoße seinen Bizeps an. »Coop.«

»Was zum Teufel ist los, Abby?«, ruft Dom aus dem
Telefon. »Cooper ist bei dir?«

Ich ignoriere meinen Chef und lege meine zittrigen
Finger an Coopers Hals. Erst spüre ich nichts, und mir
wird richtiggehend schlecht vor Schreck, dann stöhnt
er leise und sein Kopf rollt herum.

»Was geht hier ab?«, wispere ich und bin zutiefst erleichtert, dass Coop zumindest nicht tot ist. »Hey«, rufe
ich und tätschele seine Wange. »Cooper!«

Wieder stöhnt er, brummelt etwas, das sehr nach *Pete* klingt.

Also sehe ich über die Schulter zurück. »Was macht Cooper hier?«, frage ich Lindsey.

Sie zuckt die Achseln. »Keine Ahnung«, antwortet sie mit zittriger Stimme. »Ich habe wirklich ...« Sie beißt sich auf die Lippe und wendet den Blick ab.

Hinter ihr taucht Dominic auf, dann räumt er sie grob aus dem Weg und fällt neben mir auf die Knie. Er ist fast so bleich wie Coop, und seine Hände zittern beinahe so stark wie meine, als er sie nach dem Mann in der Wanne ausstreckt.

»Ich finde seinen Puls zwar nicht, aber er stöhnt noch. Wir sollten ihn ins Krankenhaus schaffen.«

»Ohne zu wissen, was los ist?«, fragt Dom und sucht selbst nach Coopers Puls. »Und wenn die was finden, was seine Karriere ruiniert?«

»Was, eine Alkoholvergiftung?«, frage ich. »Schlimmer wird es schon nicht sein. Er hat sich übergeben.«

»Und wenn es doch was anderes ist?« Dom starrt mich an. »Drogen?« Seine Augen weiten sich. »Wenn er eine Überdosis hat? Dann muss er auf jeden Fall ins Krankenhaus! Verdammt! Was sollen wir tun?«

»Nee, er hat bestimmt keine Überdosis«, behauptet Lindsey. »Wir haben hier eine Regel: Keine Drogen außer Alkohol.«

Ich schaue zweifelnd zu ihr auf. »Bist du sicher, dass sich Pete daran hält?«

Sie verkneift die Lippen und stapft aus dem Bad.

»Meinst du nicht, dass wir trotz allem den Notruf verständigen müssen? Er ist nicht ansprechbar und ...«

Dominic schiebt mich aus dem Weg und hebt Coopers Augenlid an. »Hm. Wenn Drogen nachgewiesen werden, ist seine Laufbahn Geschichte.«

»Immerhin lebt er noch«, murre ich, weiß aber auch, was der Sport Cooper bedeutet. Er braucht das Sport-Stipendium ebenso wie ich das Begabten-Stipendium, um sich das College leisten zu können.

»Hey«, spricht Dom Coop an und schlägt ihm behutsam auf die Wange. »Cooper? Hörst du mich? Was hast du genommen?«

»Wasn?«, brummt Coop und blinzelt.

Ich beuge mich über ihn. »Cooper?«

»Abs? Isn Albtraum.« Seine Lider klappen zu, er versucht sich wegzudrehen, gleitet aber wieder in die vorherige Position. »Wasn?« Er blinzelt.

»Was hast du genommen?«, frage ich ihn besorgt und fasse nach dem Handtuch, das auf dem Waschbecken liegt. Ich breite es über seinem Schoß aus, den das winzige Tuch gerade so bedeckt.

»Spinnse?« Er stöhnt auf. »Boah.« Er kneift die Augen zu. »Was machse hier?«

»Was machst du hier? Das ist die bessere Frage!« Ich wende mich an Dominic. »Und was tun wir jetzt?«

»Wo is Pete?«, nuschelt Coop und wird allmählich munterer. Er versucht sich aufzusetzen, rutscht aber an der glatten Wand der Wanne ab. Mit verengten Augen schaut er sich um. »Wasn hier los?«

»Das wüsste ich auch gern«, murmele ich. »Und Pete steht auf dem Feld, wo du auch sein solltest.«

»Ähm«, mischt sich Lindsey ein.

Ich sehe mich zu ihr um. Sie steht im Türrahmen, ist immer noch bleich und wirkt nun erschrocken, dabei sollte sie doch erleichtert sein, dass Cooper wieder ansprechbar ist.

»Auf'm ...« Coop reißt die Augen auf. »Wie spät ...«, haspelt er. »Das Spiel!«

Dom drückt ihn zurück in die Wanne. »Zu spät!«, blafft er ihn an. »Du bleibst hier. Du bist dem Team in deinem Zustand eh keine Hilfe!«

Das ist harsch, aber wahr, also zucke ich die Achseln.

»Aber wir haben keinen Ersatz-Quarterback!« Coop wird aschfahl.

»Ethan übernimmt das«, beruhige ich ihn. »Das wird schon.« Ich tätschele seine Schulter.

»Dieser Mistkerl«, brummt Cooper und wirft mir einen Blick zu, den ich nicht deuten kann. »Mann, ich wollte es ja nicht glauben, aber der will wohl echt meinen Platz im Team. Aber das schafft er nicht! Der verkackt doch.«

»Ich bin mir sicher, dass Ethan klarkommt.« Ich lächle aufmunternd.

Hinter mir räuspert sich Lindsey. »Er wird dafür sorgen, dass die Ravens verlieren«, stellt sie mit Grabesstimme fest.

Ich blinzele und starre sie verwirrt an. »Was?«

»Du erinnerst dich an Brandon?« Sie setzt sich auf den geschlossenen Toilettendeckel.

Mein Magen geht auf Talfahrt. Ich nicke zögerlich.

»Ich hielt das für dummes Gerede«, sagt sie und knetet ohne Pause ihre Finger. »Für Angeberei, aber Brandon meint, er wird bald in Geld schwimmen.«

»Was hat das mit Ethan zu tun?«, frage ich. Mir wird schwummrig und ich setze mich vorsorglich auf den Boden.

»Vielleicht nichts«, murmelt Lindsey und beißt sich auf die Lippe. Sie scheint unentschlossen, gibt sich dann aber einen Ruck. »Brandon hat erzählt, dass sie schon mal viel Geld gemacht haben, indem sie Spiele manipuliert und darauf gewettet haben.« Sie hebt den Blick und sieht fast schuldbewusst aus. »Ich hielt das wirklich für dummes Zeug, aber...« Sie schaut zu Cooper. »Jetzt ist Ethan in der besten Position, um den Ausgang dieses Spiels zu manipulieren.«

Und das ist Zufall? Wohl nicht. Mir fällt wieder ein, wie Brandon im Café irgendwas von Wetten und Buchmachern gesagt hat.

Ich richte meinen Blick auf Cooper, der wieder in der Wanne zusammengesunken ist. »Wie kommst du hierher?« Und wie dämlich ist man, wenn man sich vor einem wichtigen Spiel so abschießt?

»Pete«, brummt Coop und legt den Arm über seine Augen. »Ich bin am Arsch.«

In meinem Kopf herrscht ein wildes Durcheinander. »Etwas genauer«, mahne ich ihn verärgert. »Verdammt, ich verstehe gar nichts.« Aber mein Magen ist ein harter Klumpen und ich fürchte, dass ich doch ganz genau weiß, worauf das alles hinausläuft.

»Wir haben gefeiert«, brummt Cooper und reibt sich über das Gesicht. »Pete, ich ...« Er runzelt die Stirn. »Brandon? Ethans Freund.« Er schluckt schwer, und ich bitte Lindsey, ein Glas Wasser zu besorgen. Sie schnaubt verdrossen und reicht mir einen gefüllten Zahnputzbecher, den ich gleich an Cooper weitergebe.

»Vielleicht planen sie, das Spiel zu boykottieren, damit sie wieder viel Geld machen können.« Lindsey ringt die Hände. »Dafür müsste Ethan nur die Offense verhunzen.«

Ethan ist ein Betrüger. Mein Herz splittert, aber ich
weigere mich trotzdem standhaft, Lindsey auch nur ein
Wort zu glauben. »Unsinn.«

Sie verdreht die Augen. »Er und Brandon haben das
schon mal gemacht.« Sie schüttelt mit fassungslosem
Gesicht den Kopf. »Und mein Bruder steckt mit drin.«

Lindseys Bruder interessiert mich genauso wenig wie
Brandon. Ich will etwas sagen, doch Cooper fasst nach
meinem Handgelenk. »Deswegen wollte er meinen
Platz im Team.«

Ich sehe Cooper in die hellen Augen. Er wirkt verärgert und traurig zugleich. Angestrengt schlucke ich.
Ethan redet nicht über sich. Daher weiß ich kaum etwas Relevantes über ihn, wie soll da Vertrauen entstehen? Wie soll ich ihn verteidigen, wenn alles gegen ihn
spricht?

Ich stolpere auf die Füße. »Ich stelle ihn zur Rede.«

»Pete hat auch eine Standpauke verdient!« Lindsey
steht ebenfalls auf. »Nimm mich mit.«

»Mich ...«, brummt Cooper und stemmt sich hoch,
kann sein Gewicht aber nicht halten und landet wieder
in der Wanne. »*Shit.*«

»Du bleibst, wo du bist!« Dom drückt ihn an der Schulter herunter. »Wir finden heraus, was du genommen
hast und ob du ins Krankenhaus gehörst.«

Cooper keucht auf. »Ich habe nichts genommen!«

»Aber vielleicht geraucht?« Lindsey wirft ihm ein Tütchen zu, in dem sich Gras befindet. »Hier. Das lag in Petes Zimmer. Es ist das zweite Mal, dass mein Bruder
eine Absprache bricht.« Sie reckt das Kinn. »Es reicht!«

Sie mustert Cooper. »Ich wette, es ist kein Zufall, dass du nackt hier rumliegst.«

Cooper läuft rot an.

»Meiner Meinung nach kann ja jeder machen, was er will, aber ...« Sie wedelt mit der Hand in seine Richtung. »Ich weiß, dass Pete so gar nicht auf Männer steht.« Sie verdreht die Augen. »Du willst nicht wissen, wie er hinter deinem Rücken über dich spricht. Also ist hier nichts eskaliert, sondern Pete ist ebenfalls mit in diese Scheiße verstrickt. Und er weiß ...« Sie bricht ab und presst kurz die Lippen aufeinander. »Dies ist auch meine Wohnung. Wenn hier Drogen und eine Körperverletzung nachgewiesen werden, bin ich genauso dran wie er. Viele Zeugen für meinen guten Leumund werde ich wohl nicht auftreiben können.« Sie senkt den Blick und schlingt die Arme um sich. »Er ruiniert hier meine Zukunft.«

Mitleid regt sich in mir. Ich weiß, wie beängstigend es ist, wenn die Zukunft auf dem Spiel steht, aber ich habe seit jeher schon gewusst, dass es schwierig für mich sein wird, mein Ziel zu verfolgen. Ich habe immer irgendwo gearbeitet und habe wohl Glück, dass Claire ihren Service ebenfalls schon ewig anbietet. Sie ist mir stets eine Hilfe gewesen.

»Und meine«, murmelt Cooper. Er hebt das Handtuch an. »Mann, das darf niemand erfahren ...« Er sieht Dominic an, stöhnt und legt den Kopf an die Wand, seine Lider klappen zu, und er atmet tief ein. »Ich würde die drei gern selbst zur Rede stellen.«

»Ich mache das«, behaupte ich und merke da erst, dass ich dazu vielleicht gar nicht in der Lage bin. Diese

Konfrontation wird extrem schwierig, und ich kann nur hoffen, dass mich der Mut nicht verlässt.

»Ich fahre dich«, bietet Lindsey an. »Wenn wir uns beeilen, schaffen wir es zur Halftime. Ich weiß nur nicht, wie wir ins Stadion kommen. Aber vielleicht …« Sie kraust die Nase. »Ich hatte mal was mit dem Juniorcoach …«

»Claire richtet die Siegesfeier aus«, murmele ich. »Wir kommen rein.«

»Gut, dann los. Cooper, ich brauche deinen Autoschlüssel.«

»Meinen …« Er sieht aus, als wolle er protestieren.

»Mit deinem Wagen kommen wir auf den Spielerparkplatz.«

Cooper brummt zustimmend. »In meiner Hosentasche. In Petes Zimmer.«

Lindsey zieht an meiner Hand und ich sehe mich zu Dom um.

»Du kommst hier zurecht?«

Mein Chef lacht. »Ich bin hier der Erwachsene.«

Ich verdrehe die Augen. Er weiß sicher, dass ich meine Frage anders gemeint habe. »Cooper?«

»Ich sehe mich auch als Erwachsenen.« Er mustert Dom. »Und als jemanden, der hart im Nehmen ist.«

»Wird das ein Flirt?«, fragt Dom spitzbübisch. »Vorsichtig, ich könnte dich beim Wort nehmen.« Er sieht zu mir auf. »Coop ist bei mir in guten Händen.«

Claire öffnet den Seitenzugang und sieht von mir zu Lindsey. »Nanu.«

»Lange Geschichte«, würge ich ihre Neugierde ab. »Wichtig ist: Wir müssen das Spiel retten!«

Meine Schwester runzelt zwar die Stirn, widerspricht aber nicht. Ich stapfe ihr und Lindsey voran den breiten Weg zu den Umkleidekabinen entlang und werde aufgehalten. Ein Security-Mitarbeiter verstellt mir den Weg.

»Ich muss –«

»Hier geht es nicht durch.«

»Hören Sie! Mein Freund –«

»Und meiner fliegt zum Mond«, unterbricht er mich und deutet den Gang hinunter. »Netter Versuch, aber hier kommt niemand durch, während das Spiel noch läuft.«

»Aber ich muss –«.

»… mir nicht weiter auf den Keks gehen!« Er dreht mich um und gibt mir einen Schubs. »Verschwinde!«

»Aber …«

Claire schüttelt den Kopf und baut sich vor dem Wachmann auf. Sie hebt ihren Ausweis an. »Die beiden gehören zu mir«, behauptet sie fest. »Und wir –«

Der Typ schüttelt den Kopf. »Sie haben in den Mannschaftsräumen nichts verloren.«

Claire klappt den Mund zu und wirft mir einen abschätzenden Blick zu. »Fein«, murmelt sie und macht kehrt. Ich folge ihr nur, weil ich sie davon überzeugen will, nicht aufzugeben.

»Warte«, verlangt sie und öffnet eine der Türen, die zu den Lagerbereichen führen. Hier war ich schon einmal. Die Erinnerung daran verschlägt mir den Atem. Claire zieht mich durch die Tür und schließt sie hinter mir.

»Hey«, grüßt Jermaine und mustert mich. »Wieder eingekriegt?« Er zwinkert mir zu. Hinter ihm steht die überdimensionale Torte, die nun anders dekoriert ist als beim letzten Mal. *Congrats, Ravens* steht statt *Happy birthday, Pete* auf einem Banner auf der mir zugewandten Seite.

»Du willst mit deinem Freund sprechen?«, fragt Claire und deutet auf die Torte. »Das ist der einzige Weg.«

Es gibt immer Alternativen, aber mir fallen einfach keine ein. »*Crap*«, murmele ich und tänzele nervös auf das Gebilde zu. »Ich hatte gehofft, nie wieder aus einer Torte springen zu müssen.«

Lindsey lacht haltlos. »Oh, was für ein Bild!«

Ich werfe ihr einen verärgerten Blick zu. »Ich lasse dir gern den Vortritt!«

Sie hebt die Hände. »Ich sehe mich irgendwie nicht als Torten-Bunny und ... Ethan ist das Problem. Pete kann auf seiner Position nichts reißen.« Sie zuckt die Achseln. »Und dir wird man eher glauben als mir.« In ihre Miene schleicht sich Bitterkeit. »Es wird reichen, wenn du verrätst, dass sich Cooper völlig breit in Petes Wohnung befindet und auf dubiose Art dort gelandet ist.«

»Nein«, mischt sich Claire ein. Sie ist blass und fasst nach meiner Hand. »Das kannst du nicht öffentlich ... Was heißt das eigentlich? Geht es Coop gut?«

Lindsey schnaubt. »Nee, sonst wäre er hier.«

Claire starrt mich entsetzt an. »Du darfst nicht behaupten, dass er Drogen konsumiert hat. Das ruiniert seine Karriere!«

Die Geschichte wird von Moment zu Moment verzwickter. Ich nicke zögerlich. »Ich versuche, es anders zu formulieren. Vielleicht wurde ihm ja auch was ins Getränk gemischt. Aber dir ist bewusst, dass Ethan und Pete die Schuld sicherlich nicht freiwillig auf sich nehmen werden?«

»Ethan ist darin verwickelt?« Claires Finger graben sich in meinen Arm. »Dein Freund ruiniert meinem die Karriere?«

»Das habe ich nicht gewusst.«

Jermaine räuspert sich. »Was wird hier eigentlich gespielt?«, fragt er vorsichtig.

»Wichtig ist, dass die Ravens das Spiel gewinnen, und solange keiner von ihnen weiß, dass ihr Quarterback sie hintergeht ...« Ich schüttele den Kopf. Meine Zunge ist schwer, und Tränen brennen in meinen Augen. Hier muss ich Prioritäten setzen. »Ich werde Ethan dazu bringen, dem Team alles zu gestehen.«

»Darf ich kurz fragen, wer dann Quarterback wird?« Ich sehe Jermaine irritiert an.

»Wenn Cooper raus ist, Charlie immer noch verletzt und nicht aufs Feld kann, verlieren wir das Spiel dann nicht sowieso?«

»*Oh shit*«, wispert Lindsey. »Das ist der Plan!« Ihr Blick verhakt sich mit meinem. »Pete hält sich für einen besseren Quarterback als ein ...« Sie presst kurz die Lippen zusammen. »Als Cooper. Er will gar nicht, dass die Ravens verlieren. Er will den Retter spielen. Er wollte Ethan schon die ganze Zeit diskreditieren, deswegen habe ich doch Kontakt mit dessen alter Heimat aufgenommen.« Sie klatscht in die Hände. »Ich glaube nicht, dass Brandon damit gerechnet hat, von Pete auf diese Weise betrogen zu werden.«

»Damit können wir Pete dennoch nicht durchkommen lassen, es muss noch einen anderen Quarterback geben«, murmele ich. »Mann, das ist doch Coach Gerbers Problem! Das Team muss wissen, unter welchen Bedingungen es spielt!«

Claire nickt zögerlich, und auch Jermaine räumt ein, dass wir handeln sollten.

»Dann rein mit dir.« Claire öffnet die Luke. »Und bitte dieses Mal, ohne die Torte zu ruinieren.«

»Ja, war kein Spaß, die zu reparieren.« Jermaine stöhnt.

Ich ignoriere beide und klettere mit klopfendem Herzen in das Tortengestell. Ich richte meine Gedanken auf die Konfrontation, die nun vor mir liegt. Was will ich sagen, was muss die Mannschaft wissen?

Cooper ist in Petes Wohnung.

Er wurde abgefüllt. Gegen Alkohol kann man doch nichts sagen? Oder war er einfach nicht ansprechbar? Aber führt dies nicht mit Pech auch zu einer Untersuchung?

Verdammt, diese Situation ist komplizierter als erwartet. Soll ich mich vielleicht ganz auf Ethan konzentrieren?

Du hast dich mit deinem Landsmann verbündet, um viel Geld zu machen, indem du unser Meisterspiel ruinierst!

O Mann, worauf habe ich mich hier nur eingelassen?

Leider ist es zu spät, um mich eines Besseren zu besinnen. Die Torte setzt sich in Bewegung, und mir bleibt nichts anderes übrig, als mich zu konzentrieren. Die Ravens haben den Titel verdient. Und sie haben die Wahrheit verdient.

Und Ethan ist nun mal ein Lügner.

18

Ethan

Halftime. Es steht vierzehn zu sieben für die Ravens. Keine schlechte Ausgangsposition, und ich habe auch erst einen Snap vermasselt. Gleich den ersten, weil ich so nervös war. Außerdem ist einer meiner Pässe nicht bei Emilio angekommen. Genug, um mir daraus einen Strick zu drehen, wenn ich andererseits einen Touchdown erzielt und eine perfekte Vorlage für den zweiten gegeben habe? Sicher nicht.

Leroy schlägt mir auf dem Weg in die Kabine auf die Schulter. »Du machst das gut, Mann. Keine Sorge, wir schaffen das. *Chill out!*«

Ich wünschte, ich hätte seine Zuversicht.

Wir betreten die Kabine, und mein Blick fällt gleich auf die riesige Papp-Torte. »Nanu?«

Leroy lacht auf. »Bisschen voreilig, aber vielleicht soll es eine Extraportion Motivation sein.«

Die Kabine füllt sich, alle ziehen sich Montur und schwitzige Shirts aus, auch ich. Aber ich kann den Blick nicht von der Torte wenden, und mir wird warm ums Herz, wenn ich daran denke, dass ich Abby darin das erste Mal gesehen habe.

»Ob da wieder eine Marilyn raushüpft?«

Ich weiß nicht, wer das gerufen hat, aber da erst wird mir bewusst, dass der Sinn des Fake-Gebäcks tatsächlich darin besteht, dass jemand herausspringt. Es wird nicht Abby sein. Claire? Vielleicht weiß sie, wo ihr Kumpel Coop abgeblieben ist. Sollte ich sie fragen? Obwohl – noch wird sie da nicht drinsitzen. Da würden ihr ja die Beine einschlafen, ehe es losgeht.

Headcoach Gerber pfeift schrill, und alle verstummen. Ich reiße meinen Blick von der Torte los. Bevor der Coach aber seine Ansprache beginnen kann, kracht es, und ich fahre wieder herum.

Mein Herz stolpert. Abby.

Gelächter und Rufe ertönen.

»Es ist zu früh, Mädchen.«

»Wir müssen noch das dritte und vierte Quarter überstehen!«

»Heute gar nicht im sexy Kostüm?«

Erneut pfeift Gerber, dann brüllt er: »Was soll das? Lenk mir hier nicht meine Jungs ab!«

Es wird still. Ich starre Abby ins Gesicht. Sie hat die Lippen fest aufeinandergepresst und sieht fuchsteufelswild aus. Ihr Arm schießt vor. »Du!« Ihr Finger sticht in meine Richtung.

»Das ist nicht die Zeit oder der Ort, eure Beziehungsprobleme auszutragen«, grollt Gerber. »Raus hier, Mädchen.«

»Sie sollten sich anhören, was ich zu sagen habe!« Abbys Stimme schwankt, und ich sehe, dass sie zittert, aber sie klingt fest entschlossen. »Sonst wird es keine Siegesfeier geben!«

Mir wird übel. Sie weiß es. Sie weiß, was ich getan habe, und jetzt wird sie es allen erzählen. »Abby …« Ich trete auf sie zu. »Bitte, ich …«

»Sei still«, faucht sie. »Betrüger!« Dann hebt sie den Blick. »Wir haben Cooper gefunden.«

Erschrockenes Aufkeuchen. Gerber tritt dicht vor die Torte. »Geht es ihm gut?«

»Er lebt, aber nein, gut geht es ihm nicht. Er wurde …« Abbys Blick gleitet über die Jungs und heftet sich an Pete. »… abgefüllt und spielunfähig gemacht.«

Kurz flackert Schuld über Petes Gesicht, dann hat er sich wieder im Griff und blickt gleichgültig drein. Mein Kopf schwirrt. Ich blicke zurück zu Abby. Sie funkelt mich an, Enttäuschung und Wut in den Augen.

»Damit Ethan seine Position übernehmen und das Spiel absichtlich vergeigen kann.« Sie atmet tief ein. »So wie schon in England.«

Es wird totenstill in der Kabine. Um mich dreht sich alles. Ich taumele zur Bank vor den Spinden und sinke darauf. Ich weiß nicht einmal, was ich jetzt sagen, wie ich mich erklären soll. Alle starren mich an. Mir ist klar, ich muss reden. Die Mannschaft überzeugen, dass ich mich geändert habe. Aber ich bringe kein Wort heraus. Ich habe Abby verloren. Ich werde das Team verlieren.

Abby redet weiter, erzählt von meiner Vergangenheit. Ich spüre alle Blicke auf mir und vergrabe das Gesicht in den Händen. Ich will sie nicht sehen. Die Enttäuschung, den Widerwillen in den Mienen meiner Freunde. Meiner ehemaligen Freunde. Ich habe niemanden mehr.

»Dass du so tief sinkst, hätte ich nicht von dir gedacht, Ethan.« Abbys Stimme schneidet mir ins Herz. »Dass du ein Lügner bist, habe ich ja schon länger vermutet. Aber dass du Cooper fast umbringst ...«

Das reißt mich aus meiner Starre und ich springe auf. »Ich habe Cooper nichts angetan!«, rufe ich. »Ich war genauso überrascht wie alle anderen, dass er nicht aufgetaucht ist.«

Abby verschränkt die Arme vor der Brust und presst die Lippen zusammen. Wäre die Situation nicht so grässlich, wäre sie direkt komisch, wie sie da mit wirren Locken und Kaffeeflecken auf dem Shirt steht, in der aufgeplatzten Torte, vor einem Raum voller halb nackter Footballspieler.

Doch natürlich ist hier nichts amüsant. Es geht nicht mehr nur um meine Karriere und meine Freundschaften, sondern möglicherweise um meine Freiheit.

»Ich schwöre es!«, bekräftige ich. »Ich habe damit nichts zu tun.«

»Was war in England?«, fragt Leroy. Seine Stimme klingt gepresst.

Ich traue mich nicht, ihn anzusehen, blicke auf meine Schuhe. Ich schlucke schwer. Da fühle ich eine Hand auf der Schulter und sehe auf.

»Erzähl es ihnen, Junge«, fordert Headcoach Gerber mich ruhig auf. »So, wie du es mir erzählt hast. Sie werden dir glauben.«

»Glauben Sie mir denn?« Ich sehe ihn an. »Ich habe wirklich nichts mit Cooper gemacht.«

»Ich glaube dir.« Er klopft mir aufmunternd auf die Schulter.

Endlich traue ich mich, in die Gesichter meiner Kameraden zu sehen. Mein Blick fixiert sich auf Leroy. »Es ist wahr, dass ich in England Spiele manipuliert und deshalb das Land verlassen habe, um hier neu anzufangen. Ich hatte einen Grund ...« Ich unterbreche mich selbst und schüttele den Kopf. »Es gibt keine Entschuldigung dafür, aber bitte glaubt mir. Ich mache so etwas nie wieder. Ich tue euch das doch nicht an! Ihr habt mich aufgenommen, als ich nichts und niemanden mehr hatte. Ich will das Ding heute mit euch und für euch gewinnen. Wenn mir Fehler unterlaufen, dann nur, weil ich unerfahren auf der Position bin. Aber ich reiße mir den Arsch auf, das schwöre ich!«

Leroy ist der Erste, der zu mir kommt, gefolgt von Emilio. »Ich glaube dir«, versichert er mir, und mein Herz wird ein paar Gramm leichter.

»Blödsinn!«, keift Pete von weiter hinten. »Der Typ ist ein Verräter und notorischer Lügner! Ihr könnt doch nicht ernsthaft glauben, dass er sich geändert hat.« Er tritt nach vorn und verschränkt die Arme vor der nackten Brust. »Ich spiele keine Minute mehr mit dem zusammen, und das solltet ihr auch nicht tun. Es gibt Alternativen zu ihm als Quarterback. Ich habe ja auch schon auf der Position trainiert.« Er schaut sich auffordernd um.

Hinter mir knistert es, und ich drehe mich um. Abby klettert aus der Torte, geht schwankend zur Tür und ruft auf den Flur hinaus: »Kommt rein!«

Schon stehen ihre Schwester Claire und Lindsey Severin im Raum. Meine Verwirrung wächst. Abby wechselt einige leise Worte mit den beiden, dann stapft Lindsey auf ihren Bruder zu, holt aus und verpasst ihm eine Ohrfeige. »Du Drecksack! Kannst du dir meinen Schock vorstellen, als ich den halb toten Cooper in meiner Badewanne entdeckt habe?« Ihre Stimme überschlägt sich. »Du dachtest, ich schaue irgendwo das Spiel und gehe nicht nach Hause, ehe er wieder klar im Kopf und weg ist, was? Aber stell dir vor, mein Studium ist mir wichtiger als die Ravens, und ich habe eine Hausarbeit abzuliefern.«

Pete läuft feuerrot an. »Ich weiß nicht, wovon du redest.«

»Das weißt du sehr genau!«, faucht Lindsey. »Hast du gehofft, dass Cooper einen Filmriss bekommt nach der Menge Alkohol, die du ihm eingeflößt hast?« Sie lacht bitter auf. »Nur zu deiner Info: Er erinnert sich an alle Details.«

»Würdest du ihn so gut kennen wie ich, wüsstest du das«, mischt sich Claire ein, und ihrer Stimme ist die Besorgnis um ihren besten Freund anzuhören. »Coop hatte noch nie im Leben einen Filmriss, egal wie betrunken er war.« Sie legt den Arm um Abby. »Und? Hat er etwas damit zu tun?« Sie deutet auf mich.

Ich halte den Atem an, starre in Abbys Gesicht. Glaubt sie mir? *Bitte*, flehe ich stumm. *Bitte vertrau mir doch.*

Abby seufzt. »Ich glaube nicht, dass er Cooper schaden würde.«

Erleichterung durchflutet mich.

»Andererseits ist er ein Lügner und Betrüger, also was weiß ich schon?«

Ich fühle mich, als hätte sie mir in den Bauch geboxt, und krümme mich zusammen.

»Er hat jetzt die Wahrheit gesagt.« Headcoach Gerber geht zu Abby, an seiner Stelle treten Leroy und Emilio an meine Seiten und legen jeder einen Arm um mich. »Jeder macht Fehler, und Ethan scheint seine aufrichtig zu bereuen.« Sein Blick richtet sich auf Pete. »Was man nicht von jedem in diesem Raum sagen kann«, grollt er. »Peter, was hast du mit Cooper angestellt?«

»Nichts«, behauptet Pete. »Der Kerl lügt.«

»Und wer hat ihn dann in unsere Wohnung gelassen?«, faucht Lindsey.

»Was weiß ich? Vielleicht wolltest du mal ausprobieren, ob du ihn nicht doch rumkriegst.« Pete grinst anzüglich, und Lindsey holt erneut aus.

Headcoach Gerber packt ihren Arm. »Lass mal, Mädchen. Um den kümmere ich mich.« Er baut sich vor Pete auf. »Warum sollten die Frauen lügen? Gerade deine Schwester! Warum sollte sie dich ohne Grund mit reinziehen und euer beider Zukunft gefährden, wenn es nicht wahr wäre, dass Cooper dich beschuldigt hat?«

Pete verkneift die Lippen. »Was weiß ich?«, wiederholt er.

»Ihn und Brandon«, sagt Abby und sieht mich an. »Sie haben gemeinsame Sache gemacht.«

»Wer ist Brandon?«, fragt Gerber.

Abbys Augen funkeln herausfordernd.

»Mein ehemaliger bester Freund«, gebe ich zu. »Derjenige, der mich ... mit dem ich gemeinsam den Betrug in England begangen habe. Er ist hergekommen, um mich erneut zu erpressen, dass ich das Spiel manipulieren soll. Er hat gewettet. Seine ständigen Geldprobleme ...« Ich schüttele den Kopf. Das ist jetzt alles nicht wichtig. Aber etwas anderes. »Ich wusste nicht, dass er und Pete sich kennen.« Ich sehe Lindsey an.

Sie hebt die Schultern. »Wusste ich auch nicht. Ich hatte ein paar Dates mit Brandon, aber es hat nicht gefunkt. Vielleicht ist er irgendwann meinem Bruder begegnet, als er mich nach Hause gebracht hat.«

»Und dann habt ihr euch gemeinsam überlegt, dass ihr den armen Coop abfüllt, damit er nicht spielen kann?« Claire klingt fassungslos. »Mann, Pete, der Kerl ist verknallt in dich!«, platzt sie mit schwankender Stimme heraus. »Das weißt du genau!«

»Jeder weiß das«, sagt Emilio neben mir. Sein Arm, ebenso wie Leroys, gibt mir Sicherheit, und ich bin dankbar, dass die beiden an meiner Seite sind.

»Damit Cooper außer Gefecht ist, Ethan auf seiner Position eingesetzt wird und das Spiel vergeigen kann«, erklärt Abby düster. »Wettgewinn für Brandon, und Pete wäre Ethan aus der Mannschaft los – oder zumindest von der Position des Ersatz-Quarterbacks. Vielleicht wäre Pete auch direkt heute eingesprungen und hätte versucht, den Retter zu spielen.« Sie sieht mich an. »Und was wäre für dich rausgesprungen?« Sie klingt nicht mehr anklagend, sondern niedergeschlagen, so erschöpft, wie ich mich auch fühle. Sie kommt auf mich zu, Claire noch immer im Arm. »Selbst wenn du mit Cooper nichts zu tun hast – das Spiel wolltest du manipulieren, oder nicht?«

Ich spüre, dass dies jetzt meine letzte Chance ist. Die Minuten verrinnen, gleich müssen wir wieder aufs Feld. Falls ich noch spielen darf. Alles um mich herum verblasst zu Hintergrundrauschen – Gerbers Ansage an Pete und den Rest der Mannschaft, die Musik der Halbzeitshow von draußen ... Ich sehe nur noch Abby. Sie beißt sich auf die Unterlippe, wartet auf meine Antwort.

»Ich wollte das nie«, beginne ich und atme noch einmal tief durch, ehe ich weiterreden kann. »Brandon hat mich erpresst. Was für mich dabei rausgesprungen wäre? Dass er nichts über meine Vergangenheit erzählt. Dass ich mein neues Leben nicht verliere, dich nicht verliere. Das war der einzige Grund, weswegen ich auch nur in Erwägung gezogen habe, das Spiel zu manipulieren. Aber ich konnte es nicht. Die Jungs sind mir zu wichtig. Die Ravens sind mir zu wichtig.« Ich strecke die Hand nach ihr aus. »Ich wollte dich nicht verlieren, aber ich habe mich letztendlich entschieden, dass mein eigenes Glück unwichtig ist. Ich werde mich nicht wie ein Kameradenschwein meinen Jungs gegenüber verhalten. Also habe ich Headcoach Gerber vor dem Spiel schon die Wahrheit gesagt. Und er hat mir sein Vertrauen geschenkt.« Erneut schlucke ich schwer, meine Kehle ist staubtrocken. »Ich bin nicht zum Lügner und Betrüger geboren. Brandon hat mich damals erpresst und jetzt wieder. Das soll keine Entschuldigung sein. Ich bin ein Schwein, schon weil ich auch nur darüber nachgedacht habe. Aber ich hatte doch solche Angst ...« Meine Hand hängt in der Luft, Abby starrt mir ins Gesicht. »Ich liebe dich. Wenn es herausgekommen wäre, hättest du mich verlassen. Du kannst nicht mit einem Lügner leben, das weiß ich.«

»Und du hast es trotzdem zugegeben.« Ihre Stimme klingt tonlos. »Aber erst, nachdem du wochenlang gelogen hast. Monatelang?«

»Ich habe dir einige Dinge verschwiegen, ja. Und Verschweigen ist Lügen, das ist mir klar. Aber dass ich dich liebe, ist die reine Wahrheit.« Ich lasse die Hand sinken. Sie wird sie ja sowieso nicht ergreifen. »Ich war so glücklich mit dir.« Meine Augen brennen, und ich blinzele.

»Ich war auch glücklich mit dir. Und ich glaube dir, dass du Cooper nichts angetan hast. Aber der Rest ... die ganzen Lügen ...« Sie seufzt. »Nachdem ich als Kind von einer Betrügerin missbraucht worden bin, ertrage ich das einfach nicht.«

»Oh, Abby, jetzt hör aber mal auf!«, ruft Claire plötzlich streng.

19

Abigail

Ich klappe überrascht den Mund zu und drehe mich zu meiner Schwester um, die mich wütend mustert.

»Du übertreibst mal wieder!«

»Unsere Mutter –«

»War zutiefst unglücklich!« Claire wirft die Hände in die Luft. »Herrgott! Den Zahn hätte man dir längst schon ziehen sollen!«

Ich schlucke und spüre die Blicke aller Anwesenden auf mir. Nun, vielleicht nicht den des Coaches, und Pete ist sicher auch mit anderen Dingen beschäftigt, schließlich erhält er ebenso wie ich eine harsche Ansage: »... des Teams untergraben! Mein Vertrauen missbraucht ...«

Ich reiße mich los, schließlich interessiert mich Pete herzlich wenig. »Papa –«

»– ist ein Arschloch!«, unterbricht Claire mich wieder. »Mama wollte die Scheidung, aber Papa drohte ihr, dass sie uns nicht wiedersieht, wenn sie ihn verlässt. Deswegen blieb sie, bis du sechzehn wurdest und sie es einfach nicht mehr ertrug, von ihm seelisch misshandelt zu werden!«

Ich bin sprachlos. Mein Magen zieht sich schmerzhaft zusammen, und ich sperre mich gegen die Bedeutung ihrer Worte.

»Nein«, murmele ich und zittere dabei wie Espenlaub. »Nein, das ... Sie hat mich mitgezerrt! Ich musste ihr Alibi sein, damit sie Papa betrügen konnte!« Ich bringe meine Worte kaum über die Lippen. Die Augen brennen, und ich schniefe. Ethan legt vorsichtig die Arme um mich, und ich bin so verzweifelt, dass ich mich in seine Umarmung stürze.

Claire seufzt schwer. »Du hast Papa immer glorifiziert, Abs, aber er war nur zu uns nett, und das auch nur, solange wir parierten. Schau doch: Zahlt er etwa dein Studium? Er könnte!«

»Wir sollen auf eigenen Füßen stehen«, verteidige ich die Entscheidung unseres Vaters, uns finanziell nicht zu unterstützen. »Und er hat eine neue Familie ...«

Claire schnaubt. »Ja, das ging schnell, oder? Mama verlässt ihn und schwupp, heiratet er Consuela.«

Ich horche in mich hinein. Das hat mich immer schon gestört, aber Mama hat ihn schließlich jahrelang betrogen, warum sollte er sich da nicht auch umsehen?

»Und vor Consuela hatte er eine Affäre mit unserem Hausmädchen. Davor eine mit unserem Au-pair.« Claire seufzt. »Glaub mir, Papa ist nie treu gewesen.«

Ich drehe mich in Ethans Umarmung, um meine Schwester ansehen zu können. »Aber ...«

»Glaub mir, da ist einiges im Argen gewesen, und Mama und ich wollten nur, dass du eine schöne Kindheit hast. Papa sollte dein Held bleiben. Dafür erträgt sie sogar deine Ablehnung – bis heute.« Trotz des leichten Vorwurfs in ihren Worten legt sie ebenfalls ihre Arme um mich und kuschelt sich an meine Seite.

»Ich bin kein Lügner«, murmelt Ethan nach einem Augenblick und löst sich von mir. Er fasst nach meiner Hand und senkt den Blick darauf. »Eigentlich hasse ich es, Geheimnisse zu haben. Ich bin auch nicht gut darin.«

Das kann ich bestätigen. »Ich habe gewusst, dass etwas nicht stimmt.«

Er nickt. »Ich wollte dir alles sagen, aber ich fürchtete mich zu sehr davor, dich zu verlieren. Ich liebe dich aufrichtig. Jane hat mir nicht ansatzweise so viel bedeutet wie du, und glaub mir, die Entscheidung heute war die schwerste in meinem Leben, aber letztlich ... wenn alles herausgekommen wäre ...« Er hebt den Blick und schaut mir mit einem schmerzlichen Ausdruck in die Augen. »Und es wäre herausgekommen, weil ich mich einfach schrecklich gefühlt hätte, genau wie damals. Ich will dir alles sagen können, keine Geheimnisse vor dir haben. Mir war klar, dass du mich nicht mehr willst, wenn du erfährst, was ich getan habe. Ich schäme mich so sehr dafür!«

Ich beiße mir auf die Lippe.

»Ich hatte damals aufrichtig das Gefühl, dass ich Brandon helfen musste.« Er schluckt. »Seine Karriere ist ruiniert, weil er mir bei einer Schlägerei beigestanden hat. Er musste die Universität verlassen und verlor jeden Halt. Ich dachte, ich müsste ihn unterstützen.« Ethan schüttelt den Kopf. »Ich wollte es nicht und habe schrecklich darunter gelitten. Als alles aufflog, war ich

sogar froh, denn so hätte es nicht weitergehen können.«

Ich nicke und ziehe die Finger zurück.

»Ich weiß, ich kann nicht erwarten, dass du mir
glaubst. Oder dass du mir die Chance gibst, dir zu beweisen, dass ich absolut offen und ehrlich sein kann.
Ich habe immer gewusst, dass du und ich … dass wir
nur ein schöner Traum sind.«

Ich runzele irritiert die Stirn. »Warum nur ein
Traum?«

»Weil ich ein Lügner bin. Weil ich immer daran denken musste, was passiert, wenn hier irgendjemand davon erfährt, was ich getan habe.«

»Auf gehts, Jungs, anziehen«, ruft Headcoach Gerber
und unterbricht uns damit. »Die Damen, wenn ihr
wollt, könnt ihr euch die letzten beiden Viertel von der
Ersatzbank aus anschauen.«

»Aber …« Ethan sieht mich traurig an. »Ich muss dir
noch so viel sagen.«

»Ich bin durcheinander«, flüstere ich und reibe mir
die Stirn.

»Wir schauen uns das Spiel an«, mischt Claire sich
ein. »Und wenn ihr gewinnt, versucht Abby es noch mal
mit dir.«

Ethans Augen werden rund. »O Gott, Coach, ich muss
spielen!«

»Halb nackt?«, fragt der und gluckst. »Zieh dich an, die
Pause ist um!«

Claire jubelt, und mein Ohr ist taub. Lindsey springt auf
meiner anderen Seite ebenfalls auf und schreit ihre Be-
geisterung über den Sieg der Ravens hinaus. Offenbar

versuche ich es noch mal mit Ethan. Ich verdrehe die Augen, belustigt über mich selbst. Niemand kann mich zwingen, ihm eine weitere Chance zu geben, aber ich spüre einfach, dass ich mir selbst schade, wenn ich an meinen Bedenken festhalte. Ich liebe ihn, und ich will mit ihm zusammen sein. Und nun, da ich seine Vergangenheit kenne, versteht auch mein Kopf, dass seine Unaufrichtigkeit nichts mit mir zu tun hatte. Mein Herz hat es schon lange gewusst.

Die Jungs tragen Ethan auf ihren Schultern vom Feld, und ich muss an die leere Torte denken. »Müsstest du jetzt nicht aus der Torte springen?«, frage ich Claire.

»Ups!« Sie sieht an sich herunter und zuckt die Achseln. »Zu spät.«

Lindsey fasst nach mir. »Los, lass uns runtergehen!« Sie zerrt mich in meiner Überraschung mit sich. »Wir feiern heute einen großen Sieg! Hey, wenn wir in einer anderen Liga wären, würde dies den Einzug in den Superbowl bedeuten!«

»Sind wir aber nicht.«

»Ach, du Stinkstiefel! Wir sind Champions der Big Sky Conference und kommen in die Playoffs!«

Schon im Gang hört man die Jungs grölen und ihre Siegeshymnen schreien.

Ich stemme die Hacken in den Boden. »Warte, die ziehen sich um. Wir können nicht ...«

Lindsey übertönt meinen Protest mit einem Lachen und schiebt mich in den Umkleideraum. Kaum einer der Männer guckt oder interessiert sich auch nur dafür, dass Frauen in der Kabine sind. Sie ziehen sich aus und verschwinden in die Duschnische. Lindsey lässt mich endlich los und ich halte den Blick gesenkt.

»Hey!« Ethan fasst nach meinen Fingern und zieht mich weiter, raus aus der Umkleide und in den Gang. »Wir haben gewonnen!«

Ich sehe zu ihm auf. Seine Augen blitzen fröhlich und ein breites Grinsen liegt auf seinen Lippen.

»Bitte sag mir, dass ich heute Abend mit dir feiern kann.«

Ich nicke, weil mir die Worte fehlen.

»Du versuchst es noch mal mit mir?«

Wieder nicke ich. »Aber du musst mir schwören, dass du mir nichts mehr verheimlichst. Auch nicht aus Furcht, wie ich reagieren könnte.«

»Das schwöre ich«, sagt er feierlich.

Ich stoße den Atem aus. »Gut.« Ich presse die Lippen aufeinander, nicht sicher, wie ich fortfahren soll.

»Ich liebe meine Familie und vermisse sie«, meint Ethan und zieht mich an sich. »Aber ich will bei dir sein. Ich gehe nicht zurück. Schon gar nicht ohne dich.« Er drückt einen Kuss auf meine Stirn.

»Ich werde an mir arbeiten müssen.« Ich hebe das Kinn und suche seinen Blick. »Mir fällt es schwer, jemandem zu vertrauen, ich spüre immer Zweifel an allem und muss meine davongaloppierenden Überlegungen im Zaum halten. Mein Auftritt heute ... der war übertrieben, oder?«

Er grinst und haucht einen Kuss auf meine Lippen. »Nein. Du hast wie eine Amazone gewirkt und beschützt, was dir wichtig ist: Cooper, die Ravens und deine Integrität.«

»Also«, murre ich, »Cooper ist mir jetzt nicht sonderlich wichtig.«

»Ich musste mir anhören, dass ich dich besser nicht schlecht behandle, und du hast Feuer gespuckt, weil er abgefüllt worden ist. Offenbar habt ihr einander adoptiert.« Ethan feixt. »Belassen wir es einfach dabei, dass wir uns hier uneinig sind. Wichtig ist nur ...«

»Oh.« Ich schiebe ihn von mir. »Vielleicht sollte ich mal hören, wie es bei Cooper und Dominic läuft. Zumindest Coop wird es beruhigen ...«

Ich höre Claire lachen und unterbreche mich. Ich sehe mich nach ihr um. Sie steht in der Tür zum Abstellraum und hält sich ihr Telefon ans Ohr. Sie zwinkert mir zu.

»Ist das Cooper?«, rufe ich ihr zu, und sie nimmt das Gerät herunter.

»Ja, er gratuliert zum Beziehungs-Neustart mit der Nulpe.« Sie deutet auf Ethan.

»Er hat das Spiel nicht vergeigt«, stelle ich ruhig fest. »Sag ihm das. Die Ravens haben gewonnen.«

»Hab ich schon. Ethan soll bloß nicht glauben, er könnte Cooper ersetzen. Das heute war ein einmaliger Aussetzer!«

Ethan hebt die Hände. »Ich spiele, wo ich gebraucht werde. Und ehrlich? Den Stress des Spielmachers brauche ich echt nicht ständig.« Er sieht auf mich herab. »Ich mache mich frisch und ziehe mich um, dann schauen wir nach Cooper. Wenn er auf eigenen Füßen steht, will er vielleicht mitfeiern.«

»Noch mehr Alkohol?«, frage ich unsicher. »Das sollte er lassen.«

»Abby?« Ethan wird ernst und streichelt über meine Wange. »Ich bin froh, dass wir gewonnen haben, aber noch viel schöner ist, dass ich dich nicht verlieren muss.«

Ich seufze und strahle ihn an. »Ja, geht mir genauso.‹

Er küsst mich, und ich schlinge die Arme um seinen Hals. Seinen heißen Körper an meinem zu spüren, ist unglaublich beruhigend, und ich weiß tief in meinem Inneren, dass ich ihn nie wieder loslassen möchte. Irgendwie schaffen wir das schon, egal was noch auf uns zukommt, da bin ich mir sicher.

Epilog

Ethan

»Ethan, erweist du als einziger Mann der Runde uns die Ehre, den Truthahn aufzuschneiden?« Claire fuchtelt mit einem riesigen Messer vor meiner Nase herum.

»Hey!«, protestiert Cooper. »Ich bin auch ein Mann, ja?«

»Du bist ruhig, mein Lieber.« Claire richtet das Tranchiermesser drohend auf ihn. »Du hast noch Abbitte zu leisten und widersprichst nicht.«

»Weiß ich doch«, murmelt Cooper und sieht auf seinen Teller mit der kunstvoll gefalteten Erntedank-Serviette hinab. Überhaupt ist der Tisch ein einziges Kunstwerk aus Dekorationen, herbstlichen Accessoires und köstlich duftenden Speisen. Ganz wie es bei einer Thanksgiving-Einladung zu Claire nach Hause zu erwarten war.

Claire reicht mir vorsichtig das Messer und die Fleischgabel, dann gibt sie ihrem besten Freund einen Kuss auf die Wange. »Nimms nicht so schwer. Immerhin bist du deinen Angebeteten los und kannst dich von deinem Liebeswahn heilen.«

»Oh, ich bin kuriert«, versichert Coop.

»Weißt du, wo er hin ist?«, frage ich, während ich den knusprigen Vogel in Augenschein nehme. Wo fange ich an? Vielleicht hätte ich nicht nur das Playbook des Coaches, sondern auch ein Buch über amerikanische Bräuche auswendig lernen sollen. Oder zumindest meinem Vater zusehen, wenn er den Weihnachtsvogel zerteilt hat. Zögernd setze ich das Messer an einer Keule an.

»Pete?« Cooper schnaubt. »Keine Ahnung, wo er steckt. Wahrscheinlich hat er sich abgesetzt aus Angst, dass ich ihn anzeige.«

»Das solltest du«, sagt Claire und verschwindet in die Küche.

»Ach nein«, entgegnet Cooper, obwohl sie ihn nicht mehr hört. »Ich bin ja selbst schuld.« Er räuspert sich. »Ethan?«

Ich schaue hoch und begegne seinem Blick.

»Danke, Mann. Du hast mir den Arsch gerettet.«

»Das sagtest du schon ungefähr hundertmal.«

Cooper zuckt mit den Schultern. »Ich kann es nicht oft genug betonen: Du bist ein Supertyp. Ich bin froh, dass du zum Team gehörst.«

Ich lächle ihn an und muss mir eingestehen, dass mich seine Worte freuen. Eine brennende Frage habe ich allerdings noch, wenn auch eine indiskrete. »Sag mal … wie konnte das eigentlich passieren, dass du dich am Tag vor dem Spiel so abschießt?«

Cooper stößt ein leises, verzweifeltes Geräusch aus. »Stell dir vor, deine Süße hätte dich zwei Jahre lang abblitzen lassen und dann auf einmal um ein Date gebeten. Hättest du Nein gesagt?«

»Pete wollte ein Date?«

»Na ja ...«, druckst er herum. »Er hat gemeint, er wäre sich seiner Ausrichtung auf einmal doch nicht mehr so sicher und würde mich gern sehen ... Mann, ich war so blöd! Er hatte ja sogar Brandon im Schlepptau.«

Meine Hand mit dem Messer beginnt zu beben. »Ich frage mich immer noch, wie es zu dieser Allianz des Teufels kommen konnte.«

Cooper hebt die Schultern. »Zufall und gemeinsame Interessen?«

Ich nicke, dann wende ich meine Aufmerksamkeit wieder dem Truthahn zu. Die Keule oder doch erst den Flügel abtrennen? »Eigentlich sollte ich mich bei dir entschuldigen, Coop. Du bist nur meinetwegen in Brandons Fokus geraten.«

Claire kommt zurück, sie trägt mit überdimensionalen Ofenhandschuhen eine dampfende Auflaufform herein. »Was ist eigentlich aus dem geworden?«

»Brandon?« Ich stoße die Klinge in das Fleisch. »Der hat uns wutschnaubend vor dem Stadion aufgelauert, als ihr schon weg wart. Hat versucht, mein *Geheimnis* zu enthüllen, mich mit mehr Dreck zu bewerfen, als ich tatsächlich am Stecken habe. Ich habe versucht, ihm zu erklären, dass das, was wir getan haben, falsch war. Und das mit Coop ein noch schlimmeres Verbrechen.« Ich muss schlucken. »Er hat mich beleidigt, beschimpft ... Am Ende wurde er handgreiflich, aber die Jungs haben sich alle vor mich gestellt.«

»Nicht nur die Jungs, wie ich hörte.« Cooper gluckst. »Es soll eine ziemliche Show gewesen sein. Schade, dass ich nicht dabei war!«

Claire sieht uns fragend an. Ich muss grinsen. »O ja, eine Show war es tatsächlich. Brandon hat sich einen

Roundhouse-Kick in die Leber eingefangen, aber nicht von einem der Jungs. Leroys Keisha hat ihm eine verpasst. Die ist Kickboxerin.« Der Flügel will sich absolut nicht abtrennen lassen, und ich versuche an einer anderen Stelle des Vogels, ein Stück Fleisch herauszulösen. »Brandon ist danach abgehauen. Keine Ahnung, wie er ohne Geld nach Hause kommt.« Ein Anflug von schlechtem Gewissen regt sich in mir, aber ich verdränge ihn. Nicht ich bin das Kameradenschwein, sondern er. »Vielleicht hilft ihm sein Komplize.«

»Was tust du da eigentlich mit meinem schönen Truthahn?« Claire sieht mich mit gerunzelter Stirn an. »Willst du ihn mit aller Gewalt zerfleddern?«

Abby und ihre Mutter kommen Arm in Arm aus der Küche. Meine Freundin lächelt mich an, und ich glaube, ich habe sie noch nie so entspannt gesehen. Die zwei haben lange geredet, und offenbar ist nun alles gut. Das freut mich so für sie! Und vielleicht auch für mich, denn wenn sie die Ängste, die aus ihrer Kindheit stammen, überwindet und mir glaubt, dass ich sie nicht belüge, kann das unsere Beziehung nur festigen.

Langsam fällt auch von mir der ganze Stress der letzten Wochen ab, und ich kann mein neues Leben genießen. Champion der Big Sky Conference, Einzug in die Playoffs, ein ganzes Team voller Freunde, das Studium läuft – und ich habe die süßeste Freundin von allen. Sie setzt sich neben mich, streicht sich eine Locke aus dem Gesicht und strahlt mich an. Ich will sie unbedingt küssen, aber vor ihrer Mutter geht das natürlich nicht. Schließlich habe ich die eben erst kennengelernt, aber sie scheint nett zu sein.

»Gib das her«, sagt Abby und nimmt mir das Besteck aus der Hand. »Der Vogel hat genug gelitten.« Sie reicht ihrer Mutter Messer und Gabel. »Möchtest du?«

Mrs. Giroud packt zu und säbelt beherzt und in Sekundenschnelle Flügel, Keulen und Brust vom Gerippe. Claire holt die letzte Schüssel, die mit der Füllung, aus der Küche und schiebt einige Äpfel sowie Kornähren zur Seite, um sie noch auf dem überladenen Tisch unterzubringen.

»Brust oder Keule?«, fragt mich meine zukünftige Schwiegermutter.

Ehe ich antworten kann, klingelt es.

»Nanu?« Claire wollte sich gerade hinsetzen, geht jetzt aber zur Tür und kommt einen Moment später zurück – mit Lindsey im Schlepptau. Was will die denn hier? Wie sie ihrem Bruder in der Kabine eine gepfeffert hat, war beeindruckend, und Abby hat erzählt, dass Lindsey neuerdings nett zu ihr ist, aber ganz traue ich dem Frieden nicht.

Allerdings sieht ihr Lächeln wirklich völlig anders aus als früher. Aufrichtig. »Hallo«, beginnt sie, und es klingt beinahe schüchtern. »Ich möchte nicht stören.« Sie knetet ihre Hände. »Dominic hat mir erzählt, dass ihr heute alle hier seid. Ich dachte, es interessiert euch, dass mein Bruder die Stadt verlassen hat. Er wird euch keinen Ärger mehr machen.« Sie lacht, es klingt leicht verzweifelt. »Mir dagegen droht jetzt jede Menge Ärger. Ich brauche dringend einen Mitbewohner, um mir die Wohnung weiterhin leisten zu können.« Sie räuspert sich. »Außerdem habe ich mich noch gar nicht richtig entschuldigt. Abby, es tut mir leid, dass ich so eklig zu dir war.« Sie hebt die Schultern. »Pete und ich sind schon lange auf uns gestellt. Wir haben verinnerlicht, dass das Leben ein einziger Konkurrenzkampf ist. Pete hat auch immer nach diesem Glaubenssatz gehandelt. Und ich wollte meinem großen Bruder nacheifern.« Sie nickt, wie um sich selbst zuzustimmen. »Aber das ist jetzt vorbei. Dich in dieser Lage aufzufinden, Coop, hat mir einen Schock versetzt. Ich sah plötzlich, zu welch schlimmen Auswirkungen Petes Taten führten. Was hätte passieren können ...« Nun schüttelt Lindsey entschlossen den Kopf. »Ich will das nicht mehr. Abby, wenn du magst, arbeiten wir zusammen an deiner Bewerbungsmappe. Vielleicht kann ich so wiedergutmachen, wie fies ich zu dir war.«

Ich sehe zu Abby. Ihre blauen Augen sind aufgerissen, und sie starrt Lindsey überrascht an.

»Ethan, Cooper, ihr alle – sorry. Es tut mir wirklich leid.« Sie seufzt und lächelt in die Runde. »Also dann, guten Appetit.« Sie wendet sich ab und will aus dem Raum gehen.

»Warte mal!« Abby springt auf.

Lindsey bleibt stehen und dreht sich um.

»Dein Bruder ist fort, das heißt, du ... bist ganz allein? An Thanksgiving?«

Lindsey lächelt. »Oh ... ja, schon, aber das ist nicht schlimm. Truthahn esse ich sowieso nicht, ich bin Vegetarierin. Ich habe noch Salat zu Hause, und ich mache mir eh nicht so viel aus Feiertagen. Die waren in den Pflegefamilien immer besonders schwierig.« Es ist ihr deutlich anzusehen, dass ihr die Erinnerungen zusetzen.

»Kommt nicht infrage«, sagt da Mrs. Giroud. »Ich weiß zwar nicht, was zwischen euch vorgefallen ist, aber jeder hat eine zweite Chance verdient.« Sie sieht liebevoll zwischen Abby und Claire hin und her. »So wie ich heute.«

»Also los, setz dich, Lin.« Claire zieht noch einen Stuhl heran. »Wenn du mit Beilagen zufrieden bist, wirst du auch satt. Es ist eng, aber wenn wir alle zusammenrücken, passt es schon.«

»Wirklich?« Lindsey sieht Abby an.

»Ja, wirklich«, bestätigt diese. »Und danke für das Angebot mit der Mappe. Lass uns nächste Woche mal darüber reden.«

Lindsey schiebt sich auf den Stuhl zwischen Cooper und Claire, Mrs. Giroud wiederholt ihre Frage, wer welches Stück Fleisch möchte, und bald ertönen fröhliches Geschirrklimpern, genüssliches Schmatzen und heitere Gespräche. Mein Blick sucht immer wieder Abbys, und ich komme aus dem Lächeln gar nicht mehr heraus.

Mein erstes Thanksgiving und endlich eine echte Chance auf eine glückliche Zukunft. Und ich könnte nicht dankbarer sein.